DINO FEDERICI

VENDI CASA DA SOLO

Come Vendere la tua Casa da Solo

e Risparmiare le Provvigioni

Titolo

"VENDI CASA DA SOLO"

Autore

Dino Federici

Editore

Bruno Editore

Siti internet

www.brunoeditore.it

ATTENZIONE: investire in immobili è rischioso

Le strategie riportate in questo libro sono frutto di anni di studi e specializzazioni, quindi non è garantito il raggiungimento dei medesimi risultati economici. I risultati passati ottenuti dall'autore non forniscono alcun tipo di garanzia per i guadagni futuri.

Il lettore si assume piena responsabilità delle proprie scelte economiche e finanziarie, consapevole dei rischi connessi a qualsiasi forma di investimento in immobili.

I casi di studio e gli esempi contenuti nel testo sono frutto di notizie e opinioni che possono essere modificate in qualsiasi momento senza preavviso e non costituiscono sollecitazione all'acquisto o alla vendita di immobili e al pubblico risparmio.

L'unico scopo è di fornire elementi di studio sull'andamento del mercato immobiliare, pertanto non possono essere considerate come previsioni certe e non mettono al riparo dal rischio insito nelle operazioni di investimento in immobili.

L'Autore e l'Editore declinano ogni responsabilità su eventuali inesattezze dei dati riportati, danni, perdite economiche, danni diretti o indiretti derivanti dall'uso o dalla divulgazione delle informazioni contenute in questo libro.

Sommario

Presentazione

Dino Federici inizia l'attività lavorativa appena ventenne come collaboratore in un'azienda di produzione di abbigliamento di proprietà dello zio. Cinque anni dopo, a causa di una malattia dello zio e il suo conseguente ritiro dal lavoro, rileva l'intera azienda proseguendo da solo l'attività imprenditoriale.

Pochissima esperienza e tantissima voglia di arrivare creano una giusta miscela dinamica che contribuisce ad ottenere gratificanti risultati pur affrontando notevoli rischi.

Purtroppo senza conoscenza la strada è breve e quindi, attratto dalla comunicazione interpersonale, insieme ad una discreta sensibilità innata, agli inizi degli anni '90 comincia un percorso formativo approfondendo i vari aspetti del problema. Questo gli permette di guidare, motivare ed utilizzare efficacemente più di 50 risorse umane a disposizione, i suoi dipendenti.

Dopo quasi venticinque anni di attività e qualche milione di capi di abbigliamento prodotti per un'azienda italiana di primissima importanza, Benetton Group spa, decide di cedere l'attività. Infatti ha capito che con l'apertura dei mercati non rimane molto spazio alla produzione italiana di abbigliamento prodotta per aziende committenti. Tuttavia durante questo periodo di lavoro ha imparato l'ottimo sistema organizzativo di quella azienda, che diventerà la base per tutti i progetti futuri.

Cinque anni fa si rimette di nuovo in gioco ripartendo praticamente da zero con una nuova attività: **immobiliarista**. Inizia subito dalle aste, grazie alla collaborazione durata due anni con un esperto del settore che per 18 anni è stato agente immobiliare per importanti società di gestione crediti.

Forte dell'esperienza precedente e continuando a formarsi sul campo, approfondisce anche i vari aspetti legati agli investimenti immobiliari, gli stralci, gli aspetti legali della compravendita, come costruire e ristrutturare, come utilizzare il denaro di altri.

Perché decide di scrivere questa guida?

Con una punta di orgoglio lo scrivente desidera offrire agli altri tutta l'esperienza fatta sulla propria pelle nel campo del lavoro e ritiene che con questa guida può raggiungere il suo intento. Infatti lo scopo è quello di guidare ed aiutare quante più persone possibile nella vendita della loro casa e soprattutto contribuire ad aumentare la conoscenza e la competenza in ognuna di loro. Questi elementi sono gli aspetti fondamentali per l'autore di cui il lettore capirà pienamente il significato leggendo tutta la guida fino in fondo, aspetti che vanno ben oltre il solo risparmio economico che da essa si può trarre.

Introduzione

Qual è, secondo te il primo, ed a volte anche l'unico motivo che porta una persona a vendere la propria casa da solo? Perché vuole semplicemente risparmiare le provvigioni che dovrebbe pagare all'agenzia immobiliare.

Noto molto spesso questo atteggiamento. Tempo fa ristrutturai un appartamento al secondo piano di un palazzo storico. Al primo piano, sotto al mio, c'era un altro appartamento; chiesi alla proprietaria di poterne visitare l'interno per accertarmi di non creare possibili danni nella ristrutturazione del mio.

Parlando con la proprietaria mi disse che lo aveva acquistato oltre tre anni prima ed era in vendita da allora. L'appartamento in questione non era facilmente commercializzabile, 170 mq. affrescato, ora adibito ad ufficio e da ristrutturare, soggetto a vincoli di varia natura.

Giorni dopo mi contattò un agente immobiliare (avevo il mio cartello "vendesi" sul portone del palazzo) e mi chiese se l'appartamento in vendita fosse affrescato, nel caso lo fosse aveva un acquirente interessato all'acquisto. Gli risposi negativamente, il mio appartamento non era affrescato ma dissi che lo avrei messo in contatto con la signora dell'appartamento al piano inferiore che aveva le caratteristiche richieste.

Qualche giorno dopo chiamai l'agente immobiliare per informarmi sull'esito del colloquio con la signora. Mi rispose che non se ne era fatto nulla perché la proprietaria voleva risparmiare sulle provvigioni dell'agenzia. Facendo due calcoli mi resi conto che la cifra relativa alla eventuale provvigione che la signora avrebbe dovuto pagare all'agenzia era notevole, come era notevole anche la volontà della signora di risparmiare. Tra le due scelte la signora aveva preferito la seconda.

Naturalmente anche per te sarà molto facile risparmiare sulle provvigioni seguendo i segreti che questa guida suggerisce. Qualunque siano le tue ragioni per vendere la tua casa da solo, hai prima bisogno di capire alcune cose. Stai per fare qualche cosa che tutti possono fare ma rinunciano solo dopo aver tentato qualche settimana. La maggior parte delle persone abbandonano perché non capiscono da dove iniziare davanti alla falsa grandezza e falsa complessità del compito.

Le statistiche degli ultimi anni ci dicono che le agenzie immobiliari vendono mediamente il 55% di tutti gli immobili compravenduti. Il 15% passa di mano tramite professionisti di fiducia dei venditori: il commercialista, il notaio, l'avvocato, l'architetto, il geometra. Nel rimanente 30%, una parte dei venditori utilizza il "mediatore", e l'altra parte cerca di vendere da sola.

Nel 67% dei casi cioè due terzi delle vendite, tutti gli incaricati alle vendite, cioè l'agente immobiliare, il professionista ed il mediatore, non porteranno un potenziale acquirente prima di 6-8 settimane. Nel 12% dei casi, la tua casa lasciata in vendita ad altri, non verrà mai venduta. Sono statistiche e vanno prese come tali, tieni presente comunque che le figure citate sopra, rispettando sempre la loro professionalità, non hanno in vendita solo la tua casa, hanno anche altri immobili ed altri impegni. Ritornando a noi, sono solo 8 su cento le persone che vendono la propria casa senza l'aiuto di nessuno.

A questo punto tu starai pensando, "Perché ho comprato questo manuale se neanche l'8% delle persone nella mia stessa situazione, cioè che vogliono vendere la loro casa da soli, hanno successo?

Prima che tu sia colto dal panico ti spiego il motivo: semplicemente perché la maggior parte dei venditori non riescono nel loro intento. Tipicamente, le persone che scelgono di vendere la propria casa da soli non hanno nessun piano per introdurla sul mercato e venderla. Siccome non hanno un sistematico piano di marketing, la maggior parte dei venditori non attira abbastanza potenziali acquirenti affinché qualcuno di loro faccia un'offerta sulla casa. Questa è la semplice realtà! Siccome non hanno un piano, i venditori tentano qualsiasi cosa per reperire acquirenti. Quando i tentativi non funzionano in 2 o 3 settimane, diventano molto ma molto scoraggiati.

Perciò ciascun venditore inizia a litigare in famiglia, tra marito e moglie, su cose stupide, banali, diventando esasperati. Finalmente, uno dei due mette fine al litigio prendendo la decisione di contattare un agente immobiliare perché:

"Non ne possono più!"

Questo ciclo vizioso di eventi dura di solito dalle 2 alle 8 settimane e si verifica in oltre due terzi di tutte quelle persone che decidono di vendere la propria casa da soli.

Tranquillizzati adesso, questo a te non accadrà!

Le persone che non riescono a vendere la loro casa da soli fanno così perché non sanno esattamente da dove iniziare. Non si rendono perfettamente conto di come dovrebbero organizzare la vendita e soprattutto, come organizzarla per velocizzarla senza lasciare nulla al caso ed ottenere sempre il giusto compenso della vendita.

Tuttavia non si può certo dare la colpa ai venditori, perché senza un piano, andando a tentativi e magari dimenticando qualche passaggio più o meno importante, l'insuccesso è inevitabile. Questo libro ti darà gli strumenti, i concetti, le idee ed un piano pronto per portare a termine la vendita della tua casa da solo, se seguirai i suggerimenti ed avrai la pazienza di fare tutto il lavoro.

Il diagramma di flusso seguente delinea i punti che seguirai nel vendere la tua casa. Leggilo e familiarizza con quello che segue. Questo intero processo dipende da un corretto atteggiamento.

Con pazienza, impegno ed un positivo Atteggiamento

"Tu venderai la tua casa da solo!"

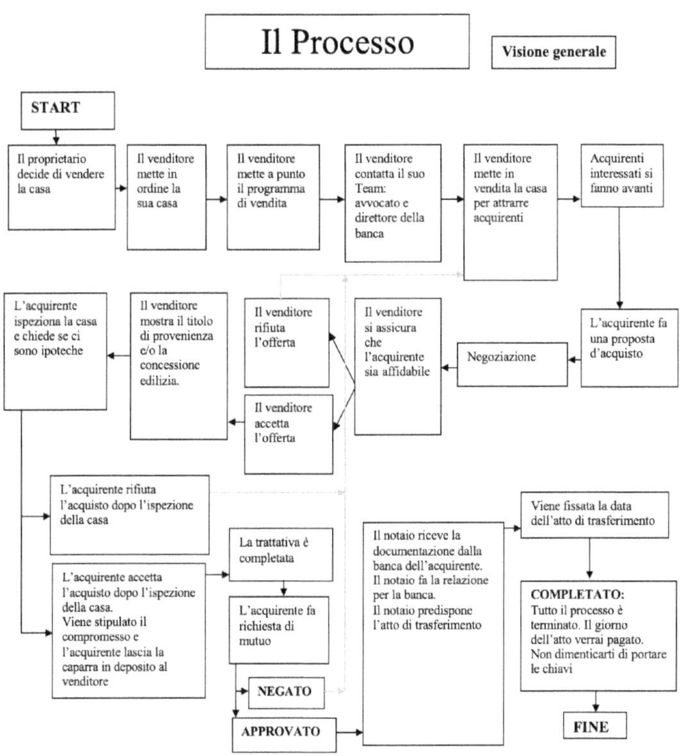

Lo schema sopra esposto è fatto di tappe obbligatorie consequenziali sia per chi fa da sé sia per chi è accompagnato da un'agenzia.

Giorno 1

Come organizzarsi intelligentemente

Ti ricordi come ti sentivi quella volta che dovevi fare una cosa che non avevi mai fatto? Non sapevi da dove iniziare. Avevi una tale confusione in testa che non riuscivi a capire quali e quanti fossero i vari passaggi da affrontare.

Non ti sentivi all'altezza della situazione, pensavi che non ce l'avresti mai fatta; invece anche se hai commesso degli errori, oggi ti sei reso conto che è estremamente facile e gli errori erano palesemente ovvii. Il problema è solo psicologico. Sembra strano ma avendo il controllo della situazione istante dopo istante, anche senza averlo mai fatto, acquisterai sicurezza da subito, basta seguire alcune semplici regole e tutto filerà liscio.

Hai deciso di vendere la tua casa? Seguendo questa guida

avrai tutte le informazioni necessarie e gli strumenti che ti permetteranno di arrivare alla conclusione della vendita nel minor tempo possibile; non commetterai errori grazie alla mia esperienza maturata negli anni e soprattutto seguendo i vari passaggi che sono fondamentali per la riuscita della vendita.

SEGRETO n. 1: Vendere la propria casa è semplice. Tantissime volte rinunciamo a fare delle cose perché, non avendole mai fatte, non sappiamo come muoverci.

Acquisto e rivendo immobili da alcuni anni. Li acquisto da privati, tramite agenzie immobiliari, in asta e a stralcio, cioè liquidando il debito del proprietario nei confronti dei suoi creditori. Visito mediamente una trentina di immobili al mese. Non puoi immaginare quali e quanti semplici errori vengono commessi nel presentare al potenziale acquirente la casa o l’appartamento, compromettendo irrimediabilmente la vendita.

Un esempio fra i tanti: non più di una settimana fa

assistevo ad un incontro tra venditore ed acquirente: quando era già stata fatta una proposta di acquisto verbale dal secondo e si stavano definendo le ultime cose per andare a stipulare il preliminare, il venditore disse: e pensare che fino a due mesi fa credevo che la casa fosse invendibile!

Gelido e interminabile silenzio. Indovina il risultato. Due giorni dopo l'acquirente ritira l'offerta. E' quasi impossibile chiudere una vendita in questo modo. Il cliente va fatto sognare, gli devi far vivere da subito le emozioni positive e la serenità che il nuovo acquisto gli procurerà. Tu saresti disposto a spendere una cospicua somma per avere in cambio un dubbio che ti tormenta in continuazione come quello dell'esempio appena fatto? Certamente no!

SEGRETO n. 2: Seguendo questa guida eviterai di commettere quei piccoli e grandi errori che potrebbero compromettere la vendita della tua casa.

La stessa cosa succede con le agenzie immobiliari, spesso non per volontà loro. Alcune sono ben preparate e competenti, altre un po' meno. Il problema è che le visite vengono fatte fare quasi sempre dall'ultimo assunto, quello che deve correre. Correrà anche, ma spesso non ha esperienza a sufficienza semplicemente per rispondere correttamente a tutte le domande del potenziale acquirente.

Come in tutte le situazioni, se vuoi avere qualche cosa, devi anche dare qualcos'altro in cambio. Tre sono le cose che devi tenere in considerazione se decidi di vendere la tua casa da solo:

1. Dovrai essere motivato, cioè ci devi credere;
2. Lo devi fare con passione;
3. Dovrai impegnare parte del tuo tempo libero.

Nessuno ti regalerà nulla se non ci sarà impegno da parte tua. Pensa però a quanto potresti risparmiare, potresti guadagnare impegnando parte del tuo tempo libero 5.000,

10.000 o 15.000 Euro in provvigioni. Quanto tempo dovresti lavorare con il tuo attuale lavoro per portare a casa una somma simile? Forse ne vale veramente la pena.

SEGRETO n 3: Per vendere la tua casa devi essere motivato, lo devi fare con passione e dovrai impegnare parte del tuo tempo libero.

1. Vendere la tua casa non è come vendere giornali in edicola.

Tutti sanno che l'edicola vende giornali, chi vuole il giornale, lo va a comprare nell'edicola. Venderai la tua casa solo se i potenziali acquirenti sapranno che tu la vendi. Dovrai introdurre sul mercato costantemente ed efficacemente il tuo immobile finché non arriverà l'acquirente giusto.

Questo manuale ti aiuterà a sviluppare il tuo piano così da essere sereno e tranquillo, sapendo che stai facendo tutto ciò che andrebbe fatto per vendere la tua casa. Quando hai un buon piano, riuscirai a vendere in un periodo ragionevole di tempo ed al prezzo che tu hai fissato.

2. Tutti ammireranno la tua casa come tu lo hai sempre fatto.

Non ti far demoralizzare dai commenti che ti faranno tutti quelli che verranno a visitare la tua dimora. Fa parte del gioco.

Tu sei un venditore professionale

Molti non apprezzeranno la tua casa, non sono acquirenti sufficientemente motivati oppure cercano qualcos'altro. Con una sistematica immissione pubblicitaria sul mercato, arriveranno tanti acquirenti che, saranno irrilevanti le opinioni negative di alcuni di loro.

3. Dovrai impegnare un po' del tuo tempo libero.

Ho sentito alcuni venditori che dicono di essere agli

"arresti domiciliari". In parte è vero. Armati di un bel sorriso ed assumi un ottimo atteggiamento anche se gli acquirenti non sembrano particolarmente interessati alla visita. Pianifica gli appuntamenti negli orari a te più idonei; nel fine settimana o dopo il lavoro, importante che ci sia ancora luce solare a sufficienza. Ricordati che in cambio avrai un ottimo ritorno economico.

4. Alcuni prometteranno cose che poi non manterranno.

Chiameranno per vedere la tua casa, prenderanno un appuntamento e poi non verranno. Altri diranno che ritorneranno con la loro famiglia e non li vedrai più. Alcuni diranno di tornare con una proposta d'acquisto e non li sentirai più. Molti, tantissimi curiosi chiederanno semplicemente il prezzo di vendita. Queste sono le cose che ti scoraggeranno di più.

Non permettere loro di farti trovare con il morale a terra!

E' normale che queste cose possano accadere. Rientra nel

naturale modo delle persone comportarsi così. Infatti, se questo non accade, o sei un super venditore o, qualche cosa non va.

Non abbandonare!

5. Gli agenti immobiliari possono chiamarti! Possono chiamarti spesso! Quasi tutti quelli che lavorano nella tua zona.

Non essere scortese con loro, ti metterai solo in cattiva luce. Stanno solo facendo il loro lavoro. Dì loro che vuoi vendere la tua casa da solo. Ti diranno che hanno già un acquirente che cerca nella tua zona e vorranno vedere in anteprima la tua casa. Forse è anche vero, qualche volta hanno realmente un acquirente, spesso è una banalissima scusa per entrare nella tua casa e venderti i loro servizi promettendoti diverse visite. Se vuoi vendere veramente la tua casa da solo, dì loro che gli manderai delle informazioni per posta, fax, mail. Non vorranno. La decisione di far venire un agente immobiliare a casa è solo tua, valuta la situazione al momento in base al tuo intuito.

6. Se sarai preoccupato non darai una buona impressione.

Vendendo la tua casa perderai del tempo e perderai anche la perseveranza. Questa guida l'ho scritta per aiutarti a capire quello che stai facendo! Rilassati, segui il tuo piano e fai tutte le cose correttamente per portare i potenziali acquirenti a visitare la tua casa. Se hai un piano ben preciso ti sentirai molto più fiducioso man mano che avanzerai nelle varie fasi di vendita.

7. La maggior parte dei proprietari sono spaventati nel fare tutto "da soli".

Questa condizione conduce i venditori direttamente nelle mani delle agenzie immobiliari, togliendo loro rilevanti risorse economiche.

Sappi che non sarai mai solo, avrai sempre qualcuno a cui rivolgerti. Dovrai trovarti delle persone che ti assisteranno nelle vendita della tua casa. Non puoi fare tutte le cose da solo per chiudere la vendita. Tre sono le persone del tuo team: tu, il direttore della tua banca e il tuo avvocato.

Tu sei la persona più importante della squadra. Sarai quello che introdurrai la casa sul mercato, troverai gli acquirenti e negozierai il contratto. Il direttore della tua banca oppure un consulente finanziario ti aiuterà a vendere la tua casa. Potrà verificare se il tuo acquirente è una persona finanziabile, inutile perdere tempo con persone che non sono solvibili, devi vendere solo a chi può ottenere velocemente un finanziamento.

Ti calcolerà l'importo dell'eventuale rimanenza del tuo mutuo e, se l'acquirente ne avrà bisogno, un nuovo mutuo per lui. Gli acquirenti non sono preparati, tu sarai in grado di dire al tuo acquirente l'importo della rata del suo mutuo fin da subito.

Il tuo avvocato. Non puoi farne a meno. Quando si tratta di scrivere dei contratti, accettare una proposta o qualsiasi altra problematica legale, è l'unico che può darti dei suggerimenti. Non ascoltare i tuoi amici o la tua famiglia, metteresti a rischio il tuo patrimonio inutilmente.

Scegli con attenzione questa figura professionale. Pensa a quanto tempo risparmieresti vendendo velocemente la tua casa senza intoppi ed al giusto prezzo di mercato. Dai suoi suggerimenti dovresti essere in grado di decidere velocemente di fronte a qualsiasi situazione ti si presenti, positiva o negativa, senza perdite di tempo o tentennamenti. Non devi mai essere titubante nei confronti dell'acquirente. Potrebbe approfittarne e convincerti a fare cose di cui potresti pentirti.

SEGRETO n. 4: Crea il tuo team vincente per vendere la tua casa; tu, il direttore della tua banca ed il tuo avvocato.

A questo punto, ti senti pronto per vendere la tua casa da solo?

Certamente si!

Hai contattato gli altri due membri della squadra, hanno accettato e ti sei assicurato che si renderanno disponibili quando ne avrai bisogno. Questi sono i loro compiti.

Direttore di banca o consulente finanziario:

1. Prepara documenti per eventuale estinzione del tuo mutuo;
2. Elabora una proposta di mutuo per il nuovo acquirente;
3. Controlla la solvibilità del potenziale acquirente.

Il tuo Avvocato:

1. Deve aiutarti a predisporre correttamente e/o valutare una proposta d'acquisto che ti verrà offerta.

Ricordati che, se avrai a disposizione una bozza già precompilata con cura elaborata insieme al tuo avvocato, potresti farla firmare appena ti viene fatta un'offerta, semplicemente riempiendo gli spazi lasciati in bianco tipo: nome, cognome, codice fiscale, importo pattuito, caparra, data del preliminare, data atto definivo ecc. ecc.

SEGRETO n. 5: Prepara insieme al tuo avvocato una proposta d'acquisto con tutte le condizioni necessarie per la vendita della tua casa senza lasciare nulla al caso.

Tra gli allegati troverai tre contratti: La proposta d'acquisto, il preliminare di compravendita ed il rogito. Sono contratti generici ed è bene che tu li legga. Ti serviranno semplicemente per avere un'idea su cosa dovrai firmare per la vendita della tua casa. Il tuo avvocato deve prepararti solo il primo, la proposta d'acquisto. Gli altri contratti verranno preparati dal notaio designato.

- Ogni immobile ha le sue caratteristiche uniche e particolari;
- Ogni trattativa è una trattativa a sé;
- Non usare mai un modulo standard già pronto.

Compila la proposta insieme al tuo avvocato seguendo lo schema dell'allegato, mettendo tutte le condizioni e le norme che la legge prevede, in base alle tue esigenze specifiche. Solo con una proposta d'acquisto ben compilata si arriva velocemente alla chiusura della vendita.

RIEPILOGO DEL GIORNO 1:

- SEGRETO n. 1: Vendere la propria casa è semplice. Tantissime volte rinunciamo a fare delle cose perché non avendole mai fatte non sappiamo come muoverci.
- SEGRETO n. 2: Seguendo questa guida eviterai di commettere quei piccoli e grandi errori che potrebbero compromettere la vendita della tua casa.
- SEGRETO n 3: Per vendere la tua casa devi essere motivato, lo devi fare con passione e dovrai impegnare parte del tuo tempo libero.
- SEGRETO n. 4: Crea il tuo team vincente per vendere la tua casa; tu, il direttore della tua banca ed il tuo avvocato.
- SEGRETO n. 5: Prepara insieme al tuo avvocato una proposta d'acquisto con tutte le condizioni necessarie per la vendita della tua casa senza lasciare nulla al caso.

Giorno 2

Come valorizzare la tua casa

Prepara la tua casa per mostrarla ai potenziali acquirenti. Una volta deciso di vendere la tua casa e obbligatorio metterla nelle migliori condizioni possibili. È importantissimo perché questo ti aiuterà a generare una vendita al prezzo più alto nel minor tempo possibile. La tua casa deve essere smagliante già alla prima visita!

Non avrai una seconda opportunità, dai subito una buona immagine. Mettiti nei panni dell'acquirente, non è il primo colpo d'occhio quello che conta? Prendi un blocco note e, sempre con l'occhio critico dell'acquirente, comincia ad ispezionare la tua casa prendendo nota sui punti ove bisognerebbe pulire, riparare e rifare il lifting. La tua casa deve risplendere in tutti i sensi.
Prenderemo in considerazione sia l'esterno che l'interno della casa.

ESTERNO:

L'esterno è la prima cosa che gli acquirenti noteranno. Dovresti rendere la tua casa bella da vedere altrimenti sarà un problema. Se sei incerto, mettiti nei vesti dell'acquirente e saprai cosa fare usando il buon senso.
Da lontano la tua casa fa una bella impressione? Sembra un bel posto per viverci?

"Una casa attraente è una casa vendibile".

Ecco i punti da verificare. Devi rispondere "Si" a queste domande cosicché risponderà "Si" anche chi acquisterà la tua casa.

- Tieni il prato rasato correttamente. Assicurati che non ci siano erbacce, foglie secche e altre cose in disordine;
- Assicurati che gli alberi siano ben potati e senza rami secchi;
- Gli attrezzi da giardino, giocattoli ecc. sono nel luogo giusto?

- La recinzione è in ordine? Recinzione e cancelli dovrebbero essere riparati, verniciati e lubrificati se necessario;
- Ricordati che l'acquirente non sa e non gli interessa se il cancello non cigola sempre, tutto quello che deve sapere è che non cigola ora!
- Controlla il tetto, le grondaie, i tombini e i tubi di scarico. Dipingi se necessario;
- Lava balconi, terrazzi, passo carraio, marciapiede, liberandoli dalle brutte macchie e dalle erbacce che crescono nelle fessure. Idem per i lastricati;
- Controlla finestre, persiane o tapparelle. Controlla anche il portone d'ingresso. Tutto deve essere senza macchie e ben pulito;
- Assicurati che il campanello e la luce all'ingresso funzioni, altrimenti riparali. Prova solamente ad immaginare quale impatto negativo avrebbero queste due cose come prima impressione;
- Metti dei fiori freschi vicino l'ingresso e lungo il viale. Fiori freschi e piante fanno sempre una bella visuale.

INTERNO:

- Pulisci e lava a fondo ogni angolo. Librerie, mensole, porte e cornici delle porte, armadi. Spolvera e togli oggetti che occupano spazio e non servono più in casa, in garage e nell'attico. Pulendo e ordinando in questo modo farai apparire la tua casa più grande e luminosa all'occhio dell'acquirente;
- Controlla le pareti e assicurati che non ci siano macchie, impronte, screpolature e tracce di umidità. Se, dopo la pulizia non hai risolto il problema, prendi in considerazione una bella mano di vernice fresca;
- La carta da parati va ispezionata bene e deve essere senza lacerazioni o strappi;
- I mobili devono essere ben posizionati in modo da far apparire ogni spazio più grande possibile, e così, più attraente. Se hai qualche vecchio mobile rovinato, è meglio rimuoverlo piuttosto che prendersi il rischio di far vedere un'immagine negativa. Lo stesso vale per tutte quelle cose che hai accantonato da tempo e non

usi più.

Libera più spazio possibile.

- Assicurati che le finestre e i davanzali siano in buono stato. Controlla la vernice, le scheggiature e le infiltrazioni d'acqua;
- Rendi i vetri delle finestre brillanti. Questo è un aspetto della casa importantissimo. I vetri delle finestre permettono di guardare fuori e di far entrare la luce esterna. Se sono sporchi e/o impolverati si notano subito, dando una sensazione generale di sporcizia, amplificata anche dalla scarsa luce che riesce a penetrare all'interno;
- Lava i tappeti. Lavato sembrerà nuovo e… ricordati, si nota!
- Lavando e lucidando i pavimenti aumenterai la luminosità della casa. Lo stesso vale per i bagni;
- Non trascurare le piccole cose, tutti dove possono, faranno osservazioni, oppure non diranno niente e se ne andranno;

- Ripara i rubinetti e gli scarichi dei bagni se perdono. Agli acquirenti non piacciono i rumori e ispezionando si nota;
- Pulisci i lavandini, i sanitari, la doccia e la vasca. Assicurati di togliere le macchie di calcare e la ruggine se presente. I bagni devono essere ben puliti. La prima cosa che viene controllata sono i sanitari, soprattutto dalle signore. A meno che tu non abbia una casa costruita di recente, i bagni vengono rifatti dal nuovo acquirente. Valuta attentamente se lasciarli così come sono oppure pensare di ristrutturarli ora. La differenza potrebbe essere enorme. Ti illustrerò successivamente i vantaggi e gli svantaggi di tutti questi importanti accorgimenti;
- Cantina e garage deve essere bene in ordine. Gli acquirenti devono essere capaci di visualizzarsi all'interno della tua casa. Una casa disordinata annullerà loro la possibilità di immedesimarsi come nuovo proprietario della tua casa. L'ordine e la pulizia sono essenziali per una buona riuscita della vendita;
- Se tu o qualcuno della tua famiglia fuma, assicurati di

pulire i portacenere e spruzza del deodorante per ambiente prima delle visite. Puoi usare anche candele profumate ed altri prodotti che trovi tranquillamente al supermercato;

- Se hai animali domestici, assicurati che non ci siano pulci in casa. Nessun acquirente sarà felice di comprare la tua casa e le pulci dei tuoi animali. Ti raccomando di tenere i tuoi animali domestici fuori dalla casa mentre la fai visitare, possibilmente in un recinto chiuso. Non tutti amano gli animali in casa e, molti hanno paura dei cani, senza contare che, se non mordono, potrebbero sbavare in giro o farti trovare in imbarazzo. Assicurati che questo non ti accada. Hai bisogno di concentrarti sull'acquirente piuttosto che su quello che potrebbero combinare i tuoi animali. Questo è molto importante, appena finita la visita, li farai rientrare.

SEGRETO n. 6: Rendi la tua casa splendente. Lava, ripara e pulisci tutto ciò che ritieni opportuno utilizzando l'occhio critico del potenziale acquirente.

Le piccole cose si accumulano molto più velocemente nella mente dell'acquirente rispetto alle grandi cose. Nessuno ti dirà niente se manca la quarta camera ma un rubinetto che perde, una maniglia danneggiata e lo scarico del bagno rumoroso potrebbero allontanarli dall'acquisto dalla tua casa o del tuo appartamento. Una tegola rotta o danneggiata ci vuole poco a sostituirla, probabilmente ti eviterà di rifare l'intero tetto dopo aver chiuso la vendita, a tue spese.

Evita di fare ulteriori miglioramenti!

Alcuni miglioramenti di maggiore entità potrebbero essere presi in considerazione solo se portano soldi nelle tue tasche e solo dopo una attenta valutazione con qualche esperto. In generale non mettere mai 1 euro se non ne porti a casa 10. I lavori di ristrutturazione ti faranno vendere più facilmente la tua casa ma non otterrai un buon risultato economico tra ciò che spenderai e ciò che ricaverai, a meno che tu non lo faccia di mestiere, solo in quel caso otterrai dei vantaggi.

Dipingere la tua casa è un ottimo miglioramento che puoi fare. Una buona mano di vernice fresca è, secondo la mia opinione, un investimento completamente recuperabile spendendo pochissimo. Se vuoi migliorare sensibilmente la tua casa, dipingila.

SEGRETO n. 7: Una buona mano di vernice è un'ottima soluzione per aggiungere valore alla tua casa spendendo pochissimo rispetto al ritorno economico.

Dai uno sguardo a questi miglioramenti:

Costo stimato Ritorno in %

	Min.	**Max**	**Min.**	**Max**
Aggiungere/rifare un bagno	5.000	10.000	50%	80%
Aggiungere un antibagno	2.000	3.000		60%
Aggiungere una camera	6.000	10.000	65%	80%
Aggiungere un box/garage	3.500	20.000		50%
Aggiungere un camino	1.500	3.000		75%
Fare un portico	5.000	6.000	50%	60%
Costruire una piscina	15.000	25.000	0%	40%

Considera che quelle riportate sopra sono cifre indicative e ogni lavoro va valutato attentamente con un tecnico. Voglio però che tu noti una cosa! Nessuna di queste migliorie ti farà recuperare l'investimento al 100%. Tutto ciò che farai quando deciderai di fare dei notevoli miglioramenti sono, secondo me, perdita di soldi e allungamento della vendita.

Oltre all'eventuale imbiancatura della tua casa, limitati a pulire, lucidare, ordinare e riparare qualsiasi cosa che ritieni debba essere fatto. Questo ti permetterà di avere dei notevoli vantaggi, porterai a casa il giusto compenso dalla vendita e nel minor tempo possibile spendendo pochissimo. Tutto qui.

SEGRETO n. 8: Evita di fare ulteriori e costosi miglioramenti, non riporteresti a casa la cifra spesa regalando parte delle tue risorse all'acquirente.

Nessun venditore ha molta voglia di rimboccarsi le maniche. Secondo te, perché un acquirente dovrebbe pagare una cosa che, già prima di comperarla, sa di doverci mettere le mani per ripararla? La gente è pigra, offrigli il piatto quasi pronto, sfrutta questi piccoli accorgimenti. Se poi vorranno ristrutturare, lascia a loro la decisione e gli oneri.

SEGRETO n. 9: Lascia fare la ristrutturazione all'acquirente. Non riusciresti mai a soddisfare le sue esigenze rischiando di spendere soldi per cose che potrebbero anche poi essere demolite.

Accertati sulla corretta regolarità urbanistica e catastale del tuo fabbricato, nel dubbio fai controllare tutto da un tecnico ed inizia velocemente le pratiche per la sua regolarizzazione nel caso ce ne fosse bisogno. I tempi tecnici e/o burocratici a volte possono essere molto lunghi, non trascurare assolutamente questo aspetto, rischieresti di allungare enormemente i tempi di vendita.

Ti faccio un esempio per farti capire quanto tempo può passare a volte per la regolarizzazione di un immobile. Un

anno e mezzo fa mi venne data in vendita una villetta ubicata in un paesino turistico di montagna. L'immobile è stato acquistato dall'attuale proprietaria, oramai novantenne, nel 1963. Non sono mai state eseguite pratiche catastali o edilizie sulla villetta che è rimasta sempre così com'è ora. La proprietaria mi comunica di verificarne la regolarità perché si ricordava vagamente che qualche cosa nella compravendita non era andato per il verso giusto.
Metto il cartello "vendesi" con il mio numero di telefono bene in vista sul balcone della villetta ed incarico un geometra per verificarne la regolarità. Fatte le prime verifiche notiamo che l'immobile non è riportato correttamente in mappa, è riportato in mappa nella particella confinante. A questo punto sorgono i nostri dubbi, la signora cosa possiede?

1. E' proprietaria del terreno, come risulta dalla visura catastale?
2. Oppure è proprietaria dalla particella confinante ove sorge la casa?

Nella prima ipotesi, sul terreno non esiste nessuna casa. Nella seconda ipotesi esiste la casa ma la signora potrebbe non esserne la proprietaria.

Quale potrebbe essere stato l'errore:

1. Potrebbe essere stato erroneamente trascritto il numero di particella nell'atto d'acquisto;
2. Il Comune fece quattro diversi frazionamenti sul totale dell'area edificabile, superficie di circa 140.000 mq e potrebbe esserci stato uno scambio di particelle.

Il tecnico ed io eravamo presi da un sacco di dubbi, ma senza approfondite ricerche non riuscivamo a capire cosa fosse veramente successo. Dopo un anno e mezzo di ricerche, controlli, viaggi al catasto, ai vari uffici di registro, aver controllato tutti i vari passaggi di proprietà del terreno originario, appuntamenti con l'ufficio tecnico ed il sindaco del Comune, abbiamo finalmente ricostruito le dinamiche di tutta la storia.

Il costruttore acquistò due lotti di terreno edificabili dal

Comune, chiese il permesso di costruire sul lotto in questione. Il permesso gli venne concesso per la validità di un anno con la clausola che scaduto tale termine senza aver costruito, il terreno sarebbe ritornato in mano al Comune. Il costruttore costruì e vendette la villetta, probabilmente dopo che erano decaduti i termini stabiliti dal Comune per costruire.
Difficile stabilire se il costruttore abbia volutamente o meno costruito nella particella sbagliata, potrebbe averlo anche fatto di proposito visto che non aveva più l'autorizzazione per costruire. Tutto ci lascia pensare che lo abbia fatto in buona fede visto che poi ha venduto il terreno senza la casa sopra; la situazione è rimasta così fino ad oggi ed egli non ne ha tratto nessun ulteriore vantaggio economico. Eravamo nel '63, allora esistevano pochissimi controlli, oggi non sarebbe più possibile commettere più o meno volontariamente certi errori.

A questo punto, chi è il proprietario della villetta? Essendo decaduti i termini per costruire, teoricamente l'anno successivo il terreno è ritornato in mano al

Comune, e la villetta? È stata costruita sul diritto di superficie del Comune? Non è comunque di proprietà della signora, è sul lotto a fianco al suo. Si tratta di capire ora, dopo un attento controllo da parte di un legale e del notaio come risolvere la questione nella maniera più indolore possibile.

Due sono le possibili soluzioni, entrambe hanno il loro lato negativo:

1. Fare un atto di compravendita con il Comune per ritornare in possesso del bene. Bisognerebbe però sostenere dei costi;
2. Innescare una causa civile rivendicando il diritto di proprietà. In questo caso oltre ai costi allungheremo enormemente anche i tempi di vendita.

SEGRETO n. 10: Fai controllare il rispetto delle normative catastali ed urbanistiche. Regolarizza subito il tuo fabbricato, nel caso ce ne fosse bisogno, evitando di allungare enormemente i tempi di vendita.

Questo riportato è veramente un caso limite, mediamente per fare una normale regolarizzazione di un immobile, un tecnico può impiegare da qualche giorno ad un massimo di tre/quattro mesi per le pratiche più complesse. Metti in agenda i tempi tecnici di regolarizzazione nel caso ne avessi bisogno.

RIEPILOGO DEL GIORNO 2:

- SEGRETO n. 6: Rendi la tua casa splendente. Lava, ripara e pulisci tutto ciò che ritieni opportuno utilizzando l'occhio critico del potenziale acquirente.
- SEGRETO n. 7: Una buona mano di vernice è un'ottima soluzione per aggiungere valore alla tua casa spendendo pochissimo rispetto al ritorno economico.
- SEGRETO n. 8: Evita di fare ulteriori e costosi miglioramenti, non riporteresti a casa la cifra spesa regalando parte delle tue risorse all'acquirente.

  SEGRETO n. 9: Lascia fare la ristrutturazione all'acquirente. Non riusciresti mai a soddisfare le sue esigenze rischiando di spendere soldi per cose che potrebbero anche poi essere demolite.
- SEGRETO n. 10: Fai controllare il rispetto delle normative catastali ed urbanistiche. Regolarizza subito il tuo fabbricato, nel caso ce ne fosse bisogno, evitando di allungare enormemente i tempi di vendita.

Giorno 3
Come stabilire il prezzo di vendita

Fissare il corretto prezzo di vendita di una casa è probabilmente la cosa più importante in assoluto. Un prezzo sbagliato potrebbe costarti migliaia di euro, perché se è troppo basso:

- regalerai inutilmente del denaro ad altri.

Se è troppo alto, rischi di andare fuori mercato con le inevitabili conseguenze:

- allungherai i tempi di vendita;
- potresti non riuscire a venderla;
- dovrai continuare a pagare mutuo, ici, assicurazione ecc.

Questo finché non ti deciderai di abbassare il prezzo. Nel frattempo avrai perso tantissime opportunità che non ti si ripresenteranno più.

SEGRETO n. 11: Definisci correttamente il giusto prezzo di vendita evitando di allungare i tempi, di non riuscire a venderla e di sprecare denaro.

Tieni presente che un determinato mercato esisterà finché ci sarà una domanda e un'offerta. Mi spiego meglio: tu offri in vendita la tua casa ma se nessuno ti farà un'offerta, la tua casa non ha mercato. Siccome qualsiasi prodotto, articolo, servizio ha un suo mercato, esserne fuori vuol dire aver violato uno dei principi fondamentali di marketing, il prezzo troppo alto.

Rischieresti anche di scoraggiarti e perdere la motivazione fino a rinunciare definitivamente a portare a termine la vendita. Fissando invece un corretto prezzo di vendita tutto diventerà molto più facile. Il prezzo corretto non è certamente:

- Quello che hai pagato quando hai acquistato la tua casa. Il prezzo, con il passare del tempo sale e scende in base a ciò che fa il mercato;

- Quello che ti ha detto di aver pagato il tuo vicino per una casa simile alla tua. Le persone tendono quasi sempre ad esagerare in alto o in basso su quello che fanno. Questo le fa sentire bene nei confronti degli altri ma non aiuta certamente te. Ti porterà sicuramente fuori strada;
- Quello delle altre case nella tua zona che sono invendute da diverso tempo. Se non sono state ancora vendute, o la richiesta è troppo alta oppure è saltato fuori qualche altro problema di difficile soluzione tipo abusi edilizi non sanabili, liti fra proprietari e/o eredi, problemi strutturali ecc;
- Quello risultante dalla rendita catastale rivalutata. A breve queste rendite verranno aggiornate, per ora sono troppo differenti dalla realtà per essere prese in considerazione;
- Quello che tu vorrai realizzare. Gli acquirenti saranno disposti a pagare solo il valore della casa e non quello che tu vorresti realizzare.

Come trovare il prezzo corretto?

Hai almeno tre possibilità per definire un corretto prezzo di vendita.

1. L'agente immobiliare.

Un modo conveniente è quello di farsi aiutare da un agente immobiliare, dovresti però fare attenzione a queste due cose. Comunica subito la tua intenzione all'agente, portalo a conoscenza che vuoi provare a vendere la tua casa da solo. È scorretto ottenere un qualsiasi vantaggio utilizzando le competenze altrui per i propri fini. Non è questo lo scopo di questa guida. Metti subito in chiaro che per ora vuoi solo una valutazione della tua casa.

Se ti avvali di un agente, avrai un obbligo nei suoi confronti nel caso tu decidessi più avanti di rinunciare a fare tutto da solo e farti aiutare da un'agenzia. Rifletti su questi due aspetti e verifica la disponibilità dell'agente ad aiutarti. Un agente conosce perfettamente i prezzi di compravendita di abitazioni simili alla tua effettuate di recente nella tua zona e sarà in grado di consigliarti, anche in base alla sua esperienza, il valore di mercato della tua casa. L'ideale sarebbe di farsi fare almeno tre valutazioni da altrettanti agenti immobiliari e fare una media ponderata delle tre valutazioni. In questo modo non correresti il rischio di incappare in agenti troppo ottimisti o, al contrario, troppo pessimisti.

Conosco tantissimi agenti immobiliari, alcuni sono veramente professionali, ad altri però contesto questo loro modo di operare: fanno valutazioni di immobili alte per attrarre i proprietari ad utilizzare la loro agenzia, oppure le fanno basse per avere la certezza di vendere velocemente. Questo modo di lavorare non è corretto, avvantaggia solo loro. Ricordati comunque che spetta sempre a te decidere il prezzo di vendita.

SEGRETO n. 12: Fatti fare una valutazione del tuo immobile da un esperto del settore come un agente immobiliare.

2. Il tecnico.

Un altro modo per definire un corretto prezzo di vendita è quello di utilizzare un professionista: un geometra o un ingegnere. È vero che ti applicheranno una parcella. Questa potrebbe cambiare anche in base alla complessità dell'immobile da periziare ed in base alla tua città di residenza, chiedi comunque sempre prima un preventivo di spesa.

L'ultima che ho fatto fare, una casa colonica e del terreno agricolo, non più di due mesi fa, l'ho pagata circa 150 €. Parlando con il tuo direttore di banca, potresti chiedergli chi sono i tecnici che loro utilizzano per periziare immobili quando erogano mutui sugli stessi e le parcelle che percepiscono. Potresti utilizzare uno di loro. I vantaggi ti ripagheranno immensamente della cifra che spenderai perché il tecnico farà questi controlli dopo aver fatto una visita sul posto:

- Calcolerà l'esatta superficie commerciabile del tuo immobile;

- Telefonerà ad almeno 3 agenzie immobiliari per chiedere i prezzi di vendita della zona di interesse;

- Confronterà i prezzi con le tabelle pubblicate semestralmente dall'Osservatorio Immobiliare dell'Agenzia del Territorio ove sono riportati i valori massimi e minimi al mq. delle compravendite divisi per città, zona e tipologia di abitazione;

- Utilizzerà la sua esperienza di professionista;

- Ti rilascerà una perizia scritta con cui potrai assicurare gli acquirenti, se ce ne fosse bisogno.

Ma soprattutto rimarrai sereno quando riceverai una proposta d'acquisto più bassa del prezzo che chiedi, senza crearti mille dubbi. Chi acquista immobili per professione perché li ristruttura e poi li rivende, potrebbe farti un'offerta più bassa anche del 20-30% di ciò che chiedi.
Non ti meravigliare, fa parte del loro lavoro spuntare prezzi vantaggiosi. Con un corretto prezzo di partenza

questo non sarà un problema.

SEGRETO n. 13: Una stima scritta da un tecnico è la tua arma vincente nei confronti di chi cercherà di sminuire il valore della tua casa, puoi sempre mostrarla in caso di bisogno.

Il servizio dell'Agenzia del Territorio è di libero accesso a chiunque e contiene anche i valori medi al mq. dei canoni di affitto. Nota Bene: l'aggiornamento è semestrale, perciò in base al tuo giorno di consultazione troverai dati vecchi anche di sei mesi o più.

È la media di tutte le compravendite effettuate in quel periodo ma, come espressamente scritto nel sito, non può che condurre ad indicazioni di massima. Ti invito comunque a visitarlo al link che aggiungo qui sotto, ricordando sempre che è un mezzo tecnico per professionisti.

http://www.agenziaterritorio.it

PERSONALIZZA Scegli AGGIUNGI QUESTA PAGINA AL TUO MENU

Novità Documentazione Servizi Software Modulistica Agenzia Posta

agenzia del Territorio

>>> Qualità ed equità <<<

ti trovi in: Home > Servizi > Osservatorio Immobiliare > Valori Immobiliari > Pubblicazioni OMI > a libero accesso >

Banca dati delle quotazioni immobiliari

I valori contenuti nella banca dati delle quotazioni immobiliari dell'Osservatorio del mercato immobiliare dell'Agenzia del territorio:

a. non possono intendersi sostitutivi della "stima", ma soltanto di ausilio alla stessa.
b. sono riferiti all'ordinarietà degli immobili con riferimento, in particolare, allo stato conservativo prevalente nella zona omogenea.

L'utilizzo delle quotazioni OMI nell'ambito del processo estimale non può che condurre ad indicazioni di valori di larga massima. Pertanto la stima effettuata da un tecnico professionista rappresenta l'unico elaborato in grado di rappresentare e descrivere in maniera esaustiva e con piena efficacia l'immobile e di motivare il valore da attribuire al bene medesimo.
Non sono in generale utilizzabili le quotazioni dei diversi semestri al fine della ricostruzione di serie storiche dei valori relative a singoli territori o singole tipologie immobiliare. Ciò in quanto la banca dati delle quotazioni è stata sottoposta, a partire dal 2000, sia ad un processo di profonda modificazione architetturale, sia ad una intensa rivisitazione dei confini delle zone omogenee Omi, che rende per molte situazioni incomparabili i valori nel tempo (salto di serie storica).
La consultazione è assolutamente gratuita, tuttavia, in caso di pubblicazione dei dati si chiede cortesemente di citare quale fonte "Agenzia del territorio-OMI"

Errata corrige **2° SEMESTRE 2006** Per gli aspetti metodologici

Selezionare la provincia

Provincia cerca comuni

SEGRETO n. 14: Controlla sul sito dell'agenzia del territorio il prezzo medio di compravendita di immobili nella tua zona.

3. Internet

Cerca su internet i siti delle agenzie immobiliari più conosciute, seleziona la tua città, restringi la zona finché puoi, quartiere, via ecc., analizza i prezzi di vendita di immobili simili al tuo e fai dei confronti.

Naturalmente questo serve solo per darti un'idea di ciò che il mercato offre e non per farti ricavare il giusto prezzo di vendita. La sua utilità consiste nel fatto che trovi quasi sempre la descrizione e delle foto. Dopo aver ricavato il prezzo di vendita con la prima, la seconda o entrambi le soluzioni sopra proposte, potrai verificare i punti di forza e di debolezza del tuo immobile rispetto alla concorrenza.

Tieni presente che a volte le foto ingannano. Tempo fa ho notato la foto di un appartamento su un sito di un'agenzia con un bel parquet, sembrava appena installato. Quando sono andato a visitarlo ho trovato due sorprese, la foto non mostrava minimamente che il parquet era stato montato sopra un pavimento che aveva ceduto in più punti, in sostanza non era in piano e non era neanche stato montato di recente.

SEGRETO n. 15: Analizza la concorrenza confrontando su internet i prezzi di vendita di immobili simili al tuo nella tua zona.

Il prezzo è anche una funzione del tempo. Se hai bisogno di vendere rapidamente la tua casa, fissa un prezzo al di sotto del prezzo di mercato. In genere io lo abbasso del 5%. Se non hai fretta, cerca di portare a casa l'intero valore. Il prezzo deciderà il tempo di vendita. Se il prezzo è troppo alto, potresti essere il migliore venditore del mondo ma non riuscirai a vendere la tua casa.

SEGRETO n. 16: Il prezzo è una funzione del tempo. Abbassalo leggermente se vuoi velocizzare la vendita.

Dal momento in cui metterai in vendita la tua casa, potresti impiegare da 1 giorno fino a 3 mesi per venderla. Ultimamente i tempi si sono leggermente allungati per questi motivi:

1. Da alcuni anni la richiesta costante degli immobili

ne ha fatto lievitare i prezzi. Dopo la crisi della borsa, il crack di alcune aziende, ecc., il mattone è rimasto l'unico rifugio sicuro per tantissimi investitori e non, supportato poi anche da bassissimi tassi di interesse sui mutui fino a poco tempo fa.

2. Una discreta offerta di immobili sul mercato permette di avere tantissime opportunità di scelta.

3. Oggi, guardando anche i costi degli immobili e tassi di interesse dei mutui, le persone valutano più attentamente ciò che comperano.

Se, superati i tre/quattro mesi e senza che sia successo nel frattempo qualche evento eccezionale che ti abbia ostacolato (es. l'apertura di una discarica nei pressi, un terremoto o una catastrofe) la tua casa non è ancora stata venduta, il prezzo di vendita è errato. Ti consiglio vivamente di farti fare una attenta valutazione di prezzo allineato al mercato da parte di un tecnico, pagagli tranquillamente la sua parcella, eviterai di perdere tempo inutilmente recuperando ampiamente la cifra spesa.

RIEPILOGO DEL GIORNO 3:

- SEGRETO n. 11: Definisci correttamente il giusto prezzo di vendita evitando di allungare i tempi, di non riuscire a venderla e di sprecare denaro.
- SEGRETO n. 12: Fatti fare una valutazione del tuo immobile da un esperto del settore come un agente immobiliare.
- SEGRETO n. 13: Una stima scritta da un tecnico è la tua arma vincente nei confronti di chi cercherà di sminuire il valore della tua casa, puoi sempre mostrarla in caso di bisogno.
- SEGRETO n. 14: Controlla sul sito dell'agenzia del territorio il prezzo medio di compravendita di immobili nella tua zona.
- SEGRETO n. 15: Analizza la concorrenza confrontando su internet i prezzi di vendita di immobili simili al tuo nella tua zona.
- SEGRETO n. 16: Il prezzo è una funzione del tempo. Abbassalo leggermente se vuoi velocizzare la vendita.

Giorno 4

Come pubblicizzare il tuo immobile

Prepara una cartellina con dentro tutti i documenti che ti serviranno: l'atto di provenienza, una visura catastale, la piantina catastale. Accertati anche tramite il tecnico che non ci siano abusi da sanare o non sanabili, perciò da demolire. In genere, per fare questo bisogna mettere in conto dei tempi abbastanza lunghi. Si sa, in Italia la burocrazia ha i suoi tempi e tu cerca di anticipare il più possibile. Una casa non a norma, con le vigenti leggi non è vendibile.

Fatto questo ti trasformerai in un venditore.

Qui sarai grande. Hai bisogno di trovare clienti, tanti clienti. In questo capitolo ti spiegherò come pubblicizzare sistematicamente la vendita della tua casa. Devi comunicare, far conoscere, creare consapevolezza negli altri: la tua intenzione di vendere casa deve essere chiara per attrarre il maggior numero possibile di potenziali acquirenti.

Appendi un cartello con su scritto “vendesi” nel luogo più visibile possibile, ad es. sulla recinzione o sulla ringhiera del balcone. Trovi il cartello in cartoleria per qualche euro oppure ne puoi far fare uno più grande e stampato al laser in serigrafia per 15-20 euro. Il vantaggio del secondo è che è resistente alle intemperie, pioggia, vento, gelo, che danneggiano invece il primo solitamente di cartoncino.

Assicurati che il tuo numero di telefono sia ben leggibile da una certa distanza. Quando ti chiameranno vorranno quasi sempre ulteriori informazioni, tieniti preparato nel comunicare loro i metri quadrati dell’abitazione, il numero di camere, i bagni, balconi - terrazzi, la corte e tutto ciò che ti chiederanno. Hai bisogno di dare molta visibilità al tuo annuncio di vendita. Innanzitutto scrivi su un foglio diversi annunci di vendita, sceglierai poi quello che ritieni più opportuno anche in base al canale

pubblicitario che utilizzerai. Nell'annuncio dovrai scrivere queste cose:
Es. 1) Vendesi casa singola di mq. 180 su due livelli, composta da cucina, soggiorno, bagno e ripostiglio al piano terra. 3 camere da letto matrimoniali, 1 cameretta e bagno al primo piano. Garage esterno di mq 40, corte di mq 1.500 completamente recintata. Prezzo € 280.000,00. Per informazioni telefonare al n. (tuo numero).

Es. 2) Vendesi appartamento di mq. 80 al piano 2° in centro. Soggiorno, cucina, 2 camere, 1 cameretta e bagno. Prezzo € 210.000,00. Per informazioni telefonare ore pasti al n. (tuo numero).

Es. 3) Vendesi monolocale di 40 mq. arredato. Ottimo anche come investimento. Prezzo € 135.000,00. Per informazioni telefonare ore serali al n. (tuo numero).

Dopo aver preparato due o tre diversi annunci, scegli quello che ritieni più efficace. Potresti aggiungere una bella foto della tua casa e farne diverse copie. Se non ti piacciono o non sei pienamente convinto del tuo annuncio, prova a guardare la pubblicità di annunci di altri immobili, scegli quello che ti colpisce di più fra i tanti e riadattalo alla tua situazione.

SEGRETO n. 17: Scrivi ed appendi un cartello "vendesi" con tutte le informazioni necessarie per pubblicizzare perfettamente il tuo immobile.

Pubblicità gratuita 1) Passaparola. A questo punto utilizzerai la pubblicità gratuita più vecchia del mondo ed anche efficace: il passaparola. Non ti stupire, la statistica ci dice che se comunichi una cosa ad un tuo amico, lui la riferisce in media ad altre 11 persone a lui vicine, ciascuno degli 11 lo comunicheranno ad altri 11 a loro volta ed anche così nel passaggio successivo. Facendo due conti quando lo avrai comunicato ad 1 sola persona, potrebbero essere centinaia le persone che verranno a conoscere ciò che tu hai comunicato al tuo amico.

Prova a dare un'occhiata all'esempio sotto riportato:

1	x	1	=	1
1	x	11	=	11
11	x	11	=	121
121	x	11	=	1331

Succederà all'incirca la stessa cosa se comunichi al tuo amico la vendita della tua casa, perciò d'ora in avanti comunica a chiunque tu conosca la vendita della tua casa: all'amministratore di condominio, vicini di casa, parenti, amici, colleghi e qualsiasi persona che tu incontri. Dagli anche il tuo annuncio.

SEGRETO n. 18: Utilizza il passaparola per pubblicizzare il tuo immobile tra i tuoi vicini, amici, colleghi di lavoro ecc.

Pubblicità gratuita 2) Volantino. Appendi poi il tuo annuncio in diversi punti nel quartiere:

- dal giornalaio;
- in farmacia;
- al supermercato;

- al bar;

questi luoghi sono tutti frequentati da tantissime persone, come anche questi altri:

- la tua agenzia di assicurazione;
- il tuo commercialista;
- il tuo geometra – ingegnere;
- in palestra;
- nella lavanderia a gettoni;
- e dove ritieni più opportuno.

Non dovresti impiegare tantissimo tempo, sono quasi tutti luoghi che frequenti quasi regolarmente e, mentre sei di passaggio, appendi il tuo annuncio. Lo scopo è abbastanza semplice. Tra gli amici dei tuoi amici, amici dei tuoi vicini, amici dei tuoi colleghi ecc., ci potrebbe essere uno o più di uno che vuole venire ad abitare nella tua zona e sta cercando casa! Potrebbe anche esserci il figlio di uno dei tuoi vicini che ha assolutamente bisogno di venire ad abitare vicino ai genitori perché non sa come provvedere ai suoi figli mentre lui e la moglie sono al lavoro. Questo potrebbe farti vendere la casa in un batter d'occhio e soprattutto è pubblicità gratuita.

SEGRETO n. 19: Appendi volantini nei luoghi più frequentati della tua città.

Pubblicità gratuita 3) Giornali locali. In quasi tutte le città ci sono dei giornali locali ove si può pubblicizzare qualsiasi cosa, dalla vendita dell'auto, alla moto ed anche della casa. Cerca nella tua città e fai inserire il tuo annuncio. Chiedi dopo quanto tempo sarà in circolazione il tuo annuncio, a volte passa anche un mese. Ciò dipende anche dalla frequenza di stampa del giornale: settimanale, quindicinale, mensile ecc.

Pubblicità gratuita 4) Online. Esistono diversi siti internet dove puoi pubblicizzare gratuitamente la vendita della tua casa. Quasi sempre bisogna fare la registrazione ed, in genere, hai la possibilità di inserire gratuitamente un solo annuncio per volta che rimane online per diverso tempo, anche fino 90 giorni. Sembra proprio che faccia al tuo caso. Un grosso vantaggio è che l'annuncio è quasi immediatamente online e visibile in ogni parte del mondo.

Due di questi sono: http://www.casaclick.it/

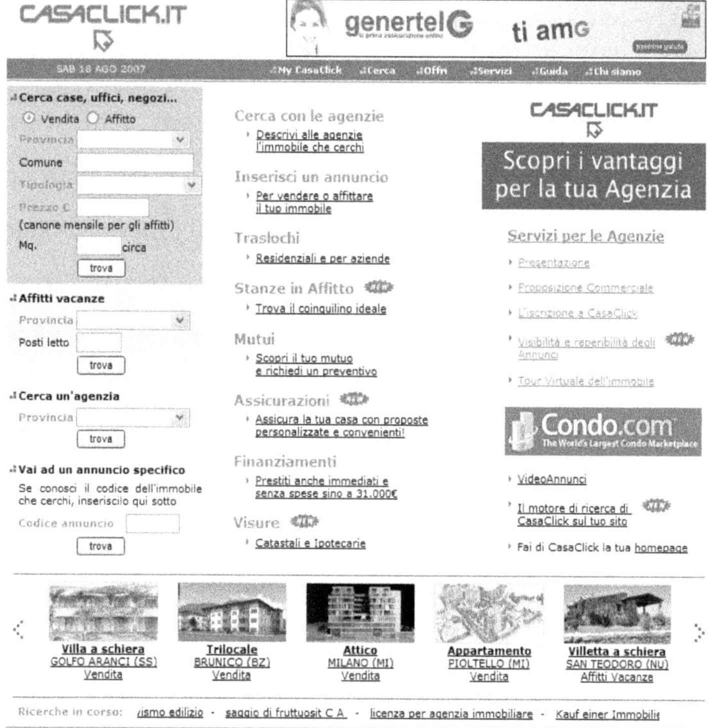

http://secondamano.it/

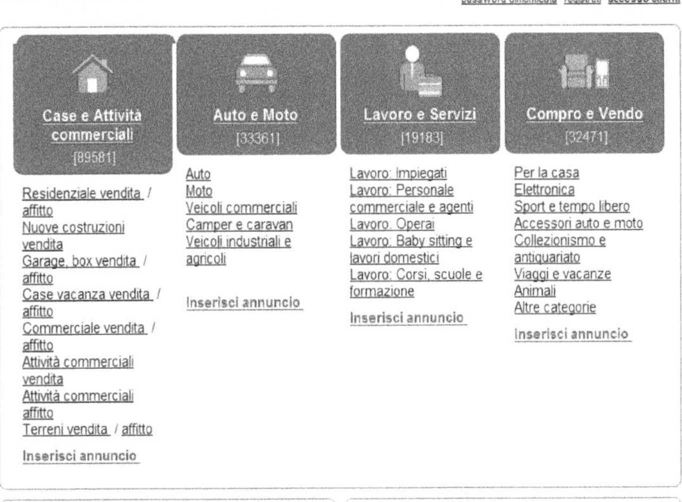

I canali pubblicitari che ti ho sopra elencato sono totalmente gratuiti e ti permetteranno di dare tantissima visibilità alla tua casa.

SEGRETO n. 20: Utilizza la pubblicità gratuita sia dei giornali locali che su internet per diffondere il tuo annuncio.

È importante però che tu li metta in moto tutti contemporaneamente, non limitarti solo ad appendere il cartello fuori dalla tua casa. Potresti essere fortunato e potresti vendere la tua casa velocemente ma, se a nessuno dei tuoi vicini interessa e la tua casa è in una zona poco trafficata, impiegherai un sacco di tempo per ottenere lo stesso risultato. Ricordati che il tempo ti costa denaro. Più tempo passa e più soldi perderai.

Se invece vuoi pubblicizzare ancora meglio la tua casa potresti utilizzare anche la pubblicità a pagamento. Non costa tantissimo, dipende anche se vorrai o meno mettere le foto. Le foto te le consiglio vivamente in tutte le pubblicità, avere la descrizione dell'immobile, il prezzo e la relativa foto è una cosa che avvantaggia tantissimo rispetto a quelle senza foto.

Pubblicità a pagamento 1) Riviste specializzate. Tante riviste specializzate di compravendita immobili offrono la possibilità di inserire annunci a pagamento, naturalmente scegli quelli più letti della tua zona.

Pubblicità a pagamento 2) Pubblicità a pagamento online. La stessa cosa vale online, sono diversi i siti che offrono questo servizio. Alcuni offrono il servizio solo alle agenzie, altri anche ai privati. Ultimamente anche eBay lo offre, ed ha un'opzione chiamata "contatto diretto". In pratica inserisci il tuo immobile, scegli l'opzione "contatto diretto".

Il potenziale acquirente avrà la possibilità di contattarti in due modi: inviarti una mail o chiamarti al tuo numero telefonico. Naturalmente sarai tu a decidere come dovrai essere contattato, potrai utilizzare tutte e due le opzioni o una delle due. L'annuncio è online per 28 o 90 giorni in base alla durata da te scelta, dopodiché scadrà. Nel frattempo potresti anche aver venduto la tua casa, diversamente potrai di nuovo riproporre l'annuncio.

Acquista il pacchetto con maggiore visibilità, il costo parte da 35 ed arriva fino a 60 € per tre mesi. Questo è il sito. http://www.ebay.it/

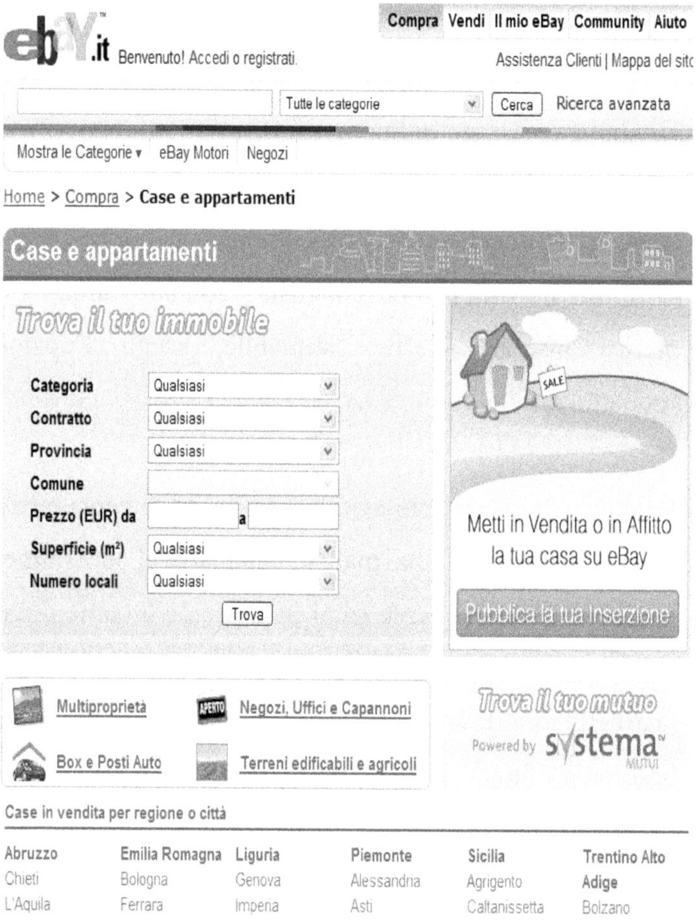

SEGRETO n. 21: Utilizza anche la pubblicità a pagamento sia su riviste che su internet, con una modica spesa avrai la visibilità di migliaia di potenziali acquirenti.

Se dopo un po' di tempo noti che i tuoi annunci non danno il risultato desiderato, modifica la descrizione degli stessi, cambia la frase, impostalo in maniera diversa, cambia il colore del volantino, sostituisci quelli deteriorati. Questo su tutti i canali pubblicitari che stai utilizzando. Gli esperti di marketing lo fanno in continuazione per affinare la tecnica di vendita, perché non farlo anche tu?

Anche in questo caso prova a metterti nei panni dell'acquirente. Se tu cercassi una casa, cosa ti colpirebbe di più, che tipo di annuncio o dove preferiresti trovarlo? Ciò che piace a te, piace anche agli altri, perciò usando la tua fantasia e la tua creatività otterrai più velocemente un ottimo risultato.

Ora ti illustrerò come rendere finanziariamente appetibile la tua casa. Quando avrai messo la tua casa in una discreta condizione, come descritto nel capitolo 2, ed avrai fissato un prezzo competitivo, è ora di dare uno sguardo alle "Condizioni" che puoi offrire per rendere più vantaggioso l'acquisto della tua casa rispetto alla casa del tuo vicino.

La maggior parte dei venditori perde grandissime opportunità perché non prende in considerazione questo importante aspetto della vendita. Se tu dovessi scegliere tra due immobili pressoché simili, quale sceglieresti?
Sicuramente quello che ti offre più opzioni e vantaggi sotto l'aspetto finanziario. A te costerà poco o niente e potrai tranquillamente pubblicizzarli nei tuoi annunci attirando e allargando enormemente la fascia dei tuoi potenziali acquirenti. La tua pubblicità sarà molto più attraente. Vendendo ad un prezzo di mercato equo puoi lavorare efficacemente con un acquirente che ha bisogno di un piccolo aiuto finanziario per l'acquisto della tua casa.

SEGRETO n. 22: Rendi finanziariamente appetibile la tua casa addolcendo il prezzo di vendita, sbaraglierai la concorrenza.

Il tuo direttore di banca e il tuo avvocato sono le tue migliori risorse per perfezionare i punti spiegati in questo capitolo. Con loro al tuo fianco avrai sempre il totale controllo dell'operazione, sono le tue persone di fiducia.

Questo non è un elenco esauriente ma rappresenta strategie che utilizzo da tempo. Alcune sono conosciute, altre meno.

Opzione n. 1) Il mutuo della tua banca. Certamente l'acquirente ha in mente un budget di spesa ed intorno a quello vorrebbe restare; per convincerlo dovrai dire che il prezzo è, per esempio 100.000,00 €, pagabili con rate da 480,00 € al mese.

L'esempio fa riferimento ad un finanziamento della durata di 40 anni, oggi se ne trovano anche fino a 50 anni con l'interesse, e la rata mensile, che scende con gli anni se si è dei buoni pagatori. La maggior parte di loro vuole acquistare la casa al massimo della loro disponibilità finanziaria che si possono permettere, perciò aiutandoli a ridurre l'importo mensile della rata e lavorando sia sul tasso di interesse che sulla durata del mutuo, potrai chiudere più facilmente la vendita.

Sarà il direttore della tua banca a trovarti le migliori offerte disponibili al momento e selezionane due o tre fra quelle che ritieni più interessanti ed economiche. Aggiungi poi nei tuoi annunci la frase che ritieni più appropriata in base alle offerte selezionate tipo queste:

- Finanziamento 100%;
- Tasso di interesse a scalare;
- Mutuo oltre 35 anni.

……………………………………….

……………………………………….

Otterrai in questo modo due risultati:

1. Frazionerai il costo della tua casa in una rata mensile facilmente gestibile da molti acquirenti. Ti faccio un esempio: un cosa è ragionare su 100.000,00 € (cifra che potrebbe risultare elevata per molte persone che di norma trattano importi rilevanti solo in casi eccezionali) e 480,00 € di una rata mensile (in tre secondi, chiunque riesce ad elaborare e confrontare con il suo budget spesa).

2. Toglierai l'onere all'acquirente di andarsi a cercare il mutuo con condizioni vantaggiose presso la sua od altre banche perché tu gli hai già messo sul piatto questa notizia, velocizzando la sua decisione e facendoti anche guadagnare parecchio tempo.

SEGRETO n. 23: Proponi al tuo acquirente due o tre soluzioni di mutuo preparate dalla tua banca e pubblicizzale.

In questo sito potrai avere un'idea di quante combinazioni esistono:

http://www.mutuionline.it

Opzione n. 2) Accollo del tuo mutuo. Se hai stipulato un mutuo con un tasso di interesse ancora oggi vantaggioso, potresti offrire al tuo acquirente la possibilità di accollarsi il tuo mutuo. Solitamente in Italia non c'è questa abitudine, viene quasi sempre acceso un nuovo mutuo perché rimarresti garante della solvibilità del tuo acquirente.

Dovresti convincere la tua banca, ed accertarti che toglieranno la tua firma di garanzia dal mutuo originario. Valuta attentamente con il tuo avvocato la fattibilità di questa operazione. Sappi comunque che anche in questo caso i vantaggi non sono da sottovalutare:

1. Velocità dell'operazione;
2. Eliminazione di alcuni costi rispetto ad un nuovo mutuo;
3. Tasso di interesse vantaggioso.

SEGRETO n. 24: Offri la possibilità di accollo del tuo mutuo se ne hai già uno in piedi con ottime condizioni.

Opzione n. 3) Locazione con riscatto. La locazione con riscatto consiste nell'affittare il tuo immobile al futuro acquirente per un periodo che potete concordare insieme, 2 o 3 anni, ed al termine del periodo pattuito, riscattare il bene acquistandolo avendo già definito il prezzo di vendita. Questa potrebbe essere una valida soluzione se:

1. non hai un bisogno immediato di liquidità.
2. il tuo acquirente non può permettersi un mutuo ora perché:

- ha appena iniziato da poco a lavorare, la banca in genere richiede almeno 18 mesi lavorativi consecutivi;
- nei prossimi due anni prevede di avere un maggior reddito, la banca verifica che l'importo della rata del mutuo non superi il 30-35% del reddito mensile del richiedente.

Anche in questo caso il tuo direttore di banca e il tuo avvocato ti saranno preziosissimi perché:

1. Dovrai verificare che all'atto definitivo, l'acquirente sia in grado di accedere ad un mutuo. Parlane soprattutto con il direttore della tua banca.

2. Dovrai tutelarti nel caso in cui l'acquirente non riscatti il bene, cioè, al termine del periodo non intenda più acquistare l'immobile. In questo caso fatti aiutare dal tuo avvocato a stilare un contratto che ti tuteli a questo

inconveniente.

Il mio modo di operare è questo: mi faccio lasciare una caparra o una fidejussione bancaria di un importo che va a coprire almeno un anno di affitto. Nel caso in cui l'operazione non vada a buon fine, ho un anno di tempo per lo sfratto e il diritto di vendere l'immobile ad altri.

Se ci sono le giuste condizioni, questa soluzione offre a te e all'acquirente dei vantaggi:

- All'acquirente, di posticipare il rogito, acquistando oggi una casa con un piccolo anticipo. Cosa che oggi non potrebbe permettersi;
- A te, l'opportunità di allargare ulteriormente la potenziale clientela, anche a quella che oggi non potrebbe permettersela.

SEGRETO n. 25: Utilizza la formula della locazione con riscatto se non hai immediata necessità di denaro.

Pubblicizzala bene anche con questa opzione: Locazione con riscatto. Quante volte anche tu ti sarai detto: vorrei ma non posso. Questa è la soluzione che ti avvantaggerà ulteriormente.

Opzione n. 4) Offri una garanzia sulla casa. Prendi in considerazione di offrire una polizza di assicurazione di un anno contro i danni che potrebbero verificarsi alla tua casa. Potresti garantire i difetti dell'impianto elettrico, del riscaldamento, dell'impianto di aria condizionata, delle fognature, del tetto ecc. Questa assicurazione garantirà l'acquirente da spiacevoli inconvenienti per un periodo di tempo diciamo di un anno dal rogito.

Se, mentre sta valutando l'acquisto, avesse qualche dubbio sul buon funzionamento di qualche componente della casa, questa lo rassicurerà e certamente concluderà l'acquisto. Si sentirà garantito contro qualsiasi suo dubbio. La copertura assicurativa coprirà anche la tua responsabilità per difetti o problemi che possono insorgere dopo la chiusura della vendita, in linea di massima, il venditore ne è responsabile.

Richiedi dei preventivi e scegli quello che ritieni sia il migliore. Molte banche oggi offrono anche assicurazioni, parlane al direttore della tua banca. La cifra dovrebbe essere abbordabile, 300 - 500 €, diversamente, assicura solo ciò che ritieni più a rischio tralasciando i componenti perfettamente efficienti.

SEGRETO n. 26: Offrendo una polizza assicurativa sulla tua casa tutelerai te stesso e l'acquirente contro eventuali rischi.

Pubblicizza anche questa opzione, sbaraglia la concorrenza: "Copertura assicurativa contro vizi e/o difetti".

RIEPILOGO DEL GIORNO 4:

- SEGRETO n. 17: Scrivi ed appendi un cartello "vendesi" con tutte le informazioni necessarie per pubblicizzare perfettamente il tuo immobile.
- SEGRETO n. 18: Utilizza il passaparola per pubblicizzare il tuo immobile tra i tuoi vicini, amici, colleghi di lavoro ecc.
- SEGRETO n. 19: Appendi volantini nei luoghi più frequentati della tua città.
- SEGRETO n. 20: Utilizza la pubblicità gratuita sia dei giornali locali che su internet per diffondere il tuo annuncio.
- SEGRETO n. 21: Utilizza anche la pubblicità a pagamento sia su riviste che su internet, con una modica spesa avrai la visibilità di migliaia di potenziali acquirenti.
- SEGRETO n. 22: Rendi finanziariamente appetibile la tua casa addolcendo il prezzo di vendita, sbaraglierai la concorrenza.
- SEGRETO n. 23: Proponi al tuo acquirente due o tre

soluzioni di mutuo preparate dalla tua banca e pubblicizzale.

- SEGRETO n. 24: Offri la possibilità di accollo del tuo mutuo se ne hai già uno in piedi con ottime condizioni.
- SEGRETO n. 25: Utilizza la formula della locazione con riscatto se non hai immediata necessità di denaro.
- SEGRETO n. 26: Offrendo una polizza assicurativa sulla tua casa tutelerai te stesso e l'acquirente contro eventuali rischi.

Giorno 5
Come negoziare efficacemente

Prima di passare alla negoziazione vorrei farti riflettere sul comportamento da tenere di fronte a determinate situazioni che ti si potrebbero presentare, dandoti così la possibilità di affrontarle nel migliore dei modi. Se decidi in anticipo quale sarà il tuo comportamento, avrai sempre e comunque un vantaggio.

Dovrai aprire la porta della tua casa ad estranei; se non la abiti più perché ti sei trasferito in un'altra casa, non corri nessun pericolo, i muri non potranno certo portarteli via. Se invece abiti ancora nella tua casa, dovrai prendere dei piccoli accorgimenti per evitare spiacevoli sorprese. Dai una risposta a queste domande: ad un estraneo in che condizioni sarà permesso di entrare a casa tua? Quando sei solo a casa? Quando siete almeno in due? Non permettere a nessuno di entrare se non siete almeno in due. Non lasciarlo mai solo e verifica se è veramente interessato alla tua casa oppure guarda con circospezione in giro come se stesse facendo un inventario dei tuoi oggetti personali. Potrebbe ritornare più tardi quando non sei in casa con i risultati che immagini.

Se qualcuno bussa alla tua porta dopo aver visto il cartello "vendesi" appeso sulla tua recinzione, guarda e agisce con sospetto, non lo fare entrare. Digli semplicemente che "sono veramente spiacente ma in questo momento non posso farti visitare la casa". Invitalo a telefonarti per prendere un appuntamento.

Non stare a sentire quello che potrebbe dirti. La sicurezza tua e della tua famiglia ha la priorità su tutti e tutto. Osserva attentamente chi hai davanti, cerca di capire chi si nasconde dietro ad una persona ben vestita, curata, presentabile oppure un'altra trasandata. La prima potrebbe essere un furfante ed la seconda un lavoratore che non vede l'ora di rientrare a casa.

SEGRETO n. 27: Cerca di capire chi è veramente il potenziale acquirente della tua casa.

Guardala bene in viso, se distoglie lo sguardo dai tuoi occhi, nasconde sicuramente qualcosa. Se l'estraneo ha un animale domestico, lo farai entrare, si o no? Potrai chiedere un documento di riconoscimento, si o no? Dovresti chiederlo sempre, tuttavia è molto imbarazzante. Una persona onesta potrebbe chiedersi: perché mi devo fidare se lui non si fida di me? Perderesti un'opportunità.

Altri fattori da considerare: qual'è il giorno e l'orario migliore per le visite? Fine settimana prima o dopo pranzo? Oppure tutti i giorni dopo l'orario di lavoro? Una buona regola è quella di far visitare la casa di giorno con illuminazione naturale.

SEGRETO n. 28: Stabilisci un giorno ed un orario ideale per far visitare la tua casa.

Per esperienza ti posso dire che non è facile tenere a bada

una famiglia composta da marito, moglie e figli anche se si è in due. Quante persone decidi di far entrare contemporaneamente? A volte è veramente difficile tenere a bada certi bambini indisciplinati.

SEGRETO n. 29: Evita di far visitare la tua casa da solo quando il potenziale acquirente non è solo, potresti non riuscire a tenere sotto controllo la situazione.

Non mostrare mai la casa da solo, se non puoi fare diversamente organizzati in questo modo: assicurati che tua moglie o un amico conosca l'orario della visita. Telefonagli quando è conclusa. Definite entrambi un periodo di tempo entro cui chiamerai, dopodiché ti farai telefonare. Stabilite una parola d'ordine ben definita.

Se non chiami entro l'ora prestabilita, sarai impossibilitato o non vorrai comunicare liberamente; allora utilizza la parola d'ordine e l'altro saprà cosa deve fare. Trova parole d'ordine abbastanza facili e che non diano sospetto del tipo: quanti anni hai? Mi ripeti il tuo nome? Ecc.

Non voglio impaurirti ma proteggerti!

Di sempre all'acquirente che stai aspettando un amico o un parente che arriverà tra qualche minuto. Questo farà pensare due volte al malintenzionato di agire perché potrebbe arrivare qualcuno senza bussare. Non dire mai a nessuno che non puoi far visitare la casa perché non sarai in casa. Questo è un invito a rubare, soprattutto se ha già visitato la tua casa come acquirente.

SEGRETO n. 30: Non dire mai che in un determinato giorno in casa non c'è nessuno, inviteresti un malintenzionato ad entrare.

Se ti senti in pericolo, cerca di abbreviare al massimo la visita e fallo uscire immediatamente dalla tua casa. Nulla vale più della tua sicurezza personale e della tua famiglia. Proteggi te e la tua famiglia poi penserai alla vendita della tua casa.

Non raggiungerai certamente i primi posti nella lista dei migliori venditori del mondo ma ti darò comunque le basi per concludere una negoziazione in maniera efficace. La meccanica della negoziazione si basa sull'abilità e sulla perseveranza. La maggior parte dei venditori abbandonano prima ancora di cominciare. La negoziazione dipende da corretti calcoli e completezza delle informazioni.

Assicurati di avere chiare tutte le informazioni relative alla tua casa prima di prendere qualsiasi impegno scritto. Se non riesci a spiegare celermente al tuo acquirente i vari tipi di finanziamenti o alcune clausole del contratto, sarà difficile chiudere una vendita. Ripassati tutto per bene in modo da memorizzare gli aspetti principali.

Vendere la tua casa è come pescare, se non ti piace il pesce pescato, puoi sempre ributtarlo in acqua se non ti soddisfa.

Regola n. 1. Separazione emotiva. Ricordati sempre di tenere separate le emozioni dalle finanze. È un aspetto molto importante. Molte persone si mostrano altezzose, altre troppo posate e gli acquirenti pensano che non siano veramente interessate a vendere. Rimani calmo, e con un atteggiamento corretto. Non lasciare mai che le tue emozioni o i tuoi sentimenti entrino nelle tue decisioni, specialmente nei confronti di chi vuole comprare, e di quello che potranno dire nel visitare la tua casa. È la cosa più difficile da fare ma anche la più importante.

L'acquirente non vedrà certamente la tua casa come la vedi tu. È probabile che non veda tutto l'amore e l'attenzione che ci metti tu. Non reagire, non metterti contro la sua opinione, porteresti l'acquirente a non acquistare la tua casa. Resta calmo! Non metterti a discutere se la tua casa non gli piace o trova difetti.

SEGRETO n. 31: Tieni sempre separati i tuoi affari dalle tue emozioni, non lasciarti coinvolgere dai commenti che potrebbero fare sulla tua casa, rimani

calmo e sereno.

Regola n. 2. Verifica l’acquirente. Verifica se l’acquirente è in grado di acquistare la tua casa. Molti venditori perdono tempo prezioso con persone che non sono in grado di acquistare la casa perché non hanno i requisiti necessari per ottenere un mutuo e chiudere perciò l’acquisto.

Parlando, cerca di prendere più informazioni possibili sul suo lavoro e sul suo tenore di vita. Se ti viene fatta una proposta d’acquisto condizionata all’approvazione del mutuo, prima di firmarla, verifica con il direttore della tua banca se è una persona solvibile e se può avere accesso al credito.

Niente eccezioni!

SEGRETO n. 32: Verifica se il tuo potenziale acquirente ha realmente le capacità finanziarie per acquistare al tua casa.

Questo ti eviterà tantissime notti insonni. Potrebbe non andare mai in banca a chiedere un finanziamento e rimarresti con un contratto firmato che non si chiuderà mai.

Regola n. 3. Comunica. Tieni una comunicazione continua con l'acquirente, il tuo avvocato, il direttore della tua banca e il notaio. La scelta del notaio spetta all'acquirente. Siccome stai vendendo la casa da solo, dovrai assicurarti che tutto proceda celermente e non venga trascurato qualche cosa per completare l'operazione con successo. Tutto questo significa tantissimo tempo risparmiato. La cosa peggiore è di avere un contratto in mano e non poterlo chiudere perché non si riesce a capire cosa manca. Verifica e segui tutta la procedura di persona, intervieni se necessario.

SEGRETO n. 33: Mantieni una costante comunicazione con tutte le persone coinvolte nella vendita della tua casa.

Ricordati che l'unica persona che può portare soldi nelle tue tasche sei solo tu; se non lo fai tu, difficilmente lo farà qualcun altro.

Regola n. 4. Win/Win = Vincere/Vincere. Tempo fa, mentre stavi per acquistare qualche cosa, ti è mai capitato di avere una spiacevole sensazione? Quella sensazione di non guadagnarci niente da quell'acquisto o da quella trattativa, ma piuttosto di perderci. Hai poi concluso quell'acquisto, era di poco valore ma ti è rimasto l'amaro in bocca.

Generalmente questa sensazione porta ad interrompere la trattativa prima di concluderla soprattutto su trattative di un certo rilievo come l'acquisto di una casa. Se ci pensi bene, è anche normale il rifiuto di concludere la trattativa da chi si sente il perdente della situazione. Perché dovrebbe concluderla il tuo acquirente se non ci guadagna assolutamente niente e lasciare tutto il vantaggio alla controparte, cioè a te? Questa è una regola importantissima!

Vincere - Vincere vuol dire che entrambi debbono uscirne vincenti e soddisfatti, sia il venditore che l'acquirente. Diversamente diventa difficile chiudere una trattativa. Tieni sempre ben presente questa regola. Se cerchi di approfittarti di alcuni vantaggi che possono venirsi a creare, l'acquirente se ne accorgerà e interromperà la negoziazione.

SEGRETO n. 34: Sia tu che l'acquirente della tua casa dovete uscirne vincenti dalla negoziazione, approfittando della situazione, difficilmente riuscirai a chiudere la trattativa.

Se noti invece che l'acquirente è in difficoltà e ti fa una qualche richiesta per cui dovresti rinunciare a qualche cosa, aiutalo e riporta in equilibrio la situazione. Ne trarreste entrambi dei vantaggi.

Regola n. 5. Fai domande. Se tu conoscessi tutte le risposte, potresti salvare il mondo dalle guerre, alluvioni, crisi finanziarie ecc.! L'unica domanda stupida è quella di non fare domande. Nessuno sa tutto, e questo è normale. Il tuo avvocato e il tuo direttore di banca sono li per aiutarti nella tua operazione. Se ti viene fatta un'offerta con dei concetti che tu non riesci a comprendere oppure non sai come funziona una determinata procedura, non esitare, fai domande. È la tua casa e sono i tuoi soldi. Piuttosto che tenerti un dubbio, fai domande.

SEGRETO n. 35: Fai continuamente domande a chiunque quando hai dubbi o non hai ben capito qualche cosa. È tuo diritto sapere.

Fai domande anche al tuo acquirente, cerca di capire cosa vuole veramente. Non aver paura di fargli domande! Hai tutto il diritto di sapere tutto ciò che ruoterà intorno all'operazione.

Regola n. 6. Valuta attentamente le offerte. Ogni volta che ricevi un'offerta hai 3 scelte:

1. Accettare;

2. Rifiutare;
3. Fare una controproposta.

Non firmare mai un'offerta se ne hai già firmata un'altra precedentemente e non sono ancora scaduti i termini di validità dalla prima. Se le firmi entrambi, sarai obbligato a vendere ad entrambi i proponenti la tua casa, ma hai una sola casa. Le conseguenze dovresti immaginartele.

Valuta attentamente qualsiasi offerta ed evita di rifiutarle tassativamente, a meno che non sia veramente ridicola. Opponendoti ad un'offerta, non permetterai al proponente di fartene un'altra. Gli darai la sensazione che non sei disposto a vendere la tua casa. Dovrai invece lasciare aperti gli spazi di trattativa, facendo capire all'acquirente che sei disposto a negoziare comunicandogli semplicemente di rifarti una proposta migliore.

SEGRETO n. 36: Valuta attentamente qualsiasi offerta che ti viene fatta. Hai sempre la possibilità di accettarla, rifiutarla o di fare una controproposta.

Valuta invece attentamente l'offerta, prima di firmarla. Assicurati di aver compreso bene tutte le condizioni riportate sulla proposta stessa.

Regola n. 7. Armati di pazienza e di fiducia. Richiede coraggio fare un'offerta da parte di un acquirente per l'acquisto della tua casa. L'acquirente è in uno stato di eccitazione e di ansia mentre sta facendo una proposta d'acquisto. Spesso però sperimentano quello che definiamo: "Il rimorso dell'acquirente".

Questo rimorso porta l'acquirente a cambiare idea e proverà ad uscire dal contratto tentando di rinegoziare e quindi aggiungere ulteriori condizioni più o meno accettabili da parte tua. Non ti arrabbiare, mantieni la tua calma. Prenditi il tempo necessario per valutare le nuove condizioni e, in caso affermativo, di portare a termine la trattativa.

Appena presa la tua decisione, comunicalo immediatamente al proponente e passa ad un altro potenziale acquirente. È normale scambiarsi due o tre controfferte. Dal momento in cui avrai un contratto firmato in mano, sarai in una botte di ferro. Finché non avrai questo, mantieni la tua calma e rispondi velocemente a qualsiasi domanda ti venga fatta.

SEGRETO n. 37: Fare un'offerta per l'acquisto della tua casa può richiedere coraggio da parte di qualche acquirente. Armati di pazienza e fiducia, a volte ce ne vuole molta.

Non farti vedere agitato o arrabbiato. Questi sono aspetti molto delicati della negoziazione fra due persone che non si conoscono e che probabilmente non si vedranno più. Con questo tipo di negoziazione puoi controllare la situazione, diversamente potrebbe sfuggirti di mano. La scelta è tua.

Regola n. 8. Non comunicare mai il tuo **prezzo minimo** di vendita. Non comunicare mai a nessuno, soprattutto all'acquirente, il tuo prezzo minimo di vendita. Appena lo sapranno, tenteranno di abbassarlo ulteriormente. Non lo comunicare neanche ai tuoi amici, colleghi e vicini, potrebbero avere un loro amico o conoscente interessato alla tua casa.

Fissa il prezzo correttamente fin dall'inizio e mantieniti su quella cifra. In Italia è normale mediare qualche cosa, perciò stabilisci una cifra leggermente più bassa entro la quale sarai disposto a vendere. Oppure potrai anche fare l'inverso, stabilito il prezzo di vendita, aumentarlo di 5, 10.000,00 € o quello che ritieni più opportuno, naturalmente rapportato al valore della tua casa. Comunica questo prezzo di vendita a tutti gli acquirenti. Quello effettivo di vendita non lo comunicare mai a nessuno!

SEGRETO n. 38: Non comunicare mai il prezzo minimo di vendita della tua casa, cercheranno sempre di abbassartelo.

Ricordati che stai cercando di evitare di pagare le

provvigioni ad un'agenzia facendo tutto da solo; se comunichi loro il tuo prezzo minimo di vendita, cercheranno di abbassartelo ulteriormente e non ti sarà facile risparmiare quello che ti eri prefissato. Rimani sempre sereno, calmo e concentrato sul prezzo di vendita.

Regola n. 9. Riservati il consenso di un terzo. È sabato o domenica, ti viene fatta una proposta e tu non sai cosa fare o non ti piace proprio la proposta. Il tuo avvocato non è in ufficio e non riesci a rintracciarlo, cosa fai? Inserisci tranquillamente questa frase nella proposta: questo contratto è soggetto all'approvazione dell'avvocato del venditore. Questa frase ti permetterà di uscire dal contratto indenne, senza penali, nel caso ce ne fosse bisogno.

SEGRETO n. 39: Riservati sempre il consenso di un terzo, soprattutto quando non sei pienamente convinto di ciò che stai firmando.

Verifica con il tuo avvocato se puoi utilizzare anche altre

clausole.

Regola n. 10) Rispetta la legge. Non c'è eccezione a questa regola! È illegale discriminare qualsiasi potenziale acquirente della tua casa per religione, sesso, stato civile, nazione ecc. Questa è la legge, rispettala! Mi riferisco sia alla pubblicità che alla trattativa di vendita.

La violazione delle norme edilizie portano a sanzioni civili e penali. Se non sei sicuro della perfetta regolarità della tua casa, fai controllare tutto da un tecnico di tua fiducia.

Tieni bene in mente che, se il notaio nel verificare tutte le autorizzazioni, concessioni ecc. trova qualche incongruenza, abuso edilizio, irregolarità tra le planimetrie e lo stato attuale, ecc., la tua casa non è vendibile. Dovrai prima regolarizzarla allungando enormemente i tempi di stipula del rogito, nel frattempo l'acquirente potrebbe uscire dalla trattativa rinunciando all'acquisto.

SEGRETO n. 40: Rispetta la legge. Non violare assolutamente nessuna delle norme del nostro codice civile.

RIEPILOGO DEL GIORNO 5:

- SEGRETO n. 27: Cerca di capire chi è veramente il potenziale acquirente della tua casa.
- SEGRETO n. 28: Stabilisci un giorno ed un orario ideale per far visitare la tua casa.
- SEGRETO n. 29: Evita di far visitare la tua casa da solo quando il potenziale acquirente non è solo, potresti non riuscire a tenere sotto controllo la situazione.
- SEGRETO n. 30: Non dire mai che in un determinato giorno in casa non c'è nessuno, inviteresti un malintenzionato ad entrare.
- SEGRETO n. 31: Tieni sempre separati i tuoi affari dalle tue emozioni, non lasciarti coinvolgere dai commenti che potrebbero fare sulla tua casa, rimani calmo e sereno.
- SEGRETO n. 32: Verifica se il tuo potenziale acquirente ha realmente le capacità finanziarie per acquistare al tua casa.
- SEGRETO n. 33: Mantieni una costante comunicazione con tutte le persone coinvolte nella vendita della tua casa.
- SEGRETO n. 34: Sia tu che l'acquirente della tua casa dovete uscirne vincenti dalla negoziazione, approfittando

della situazione, difficilmente riuscirai a chiudere la trattativa.

- SEGRETO n. 35: Fai continuamente domande a chiunque quando hai dubbi o non hai ben capito qualche cosa. È tuo diritto sapere.
- SEGRETO n. 36: Valuta attentamente qualsiasi offerta che ti viene fatta. Hai sempre la possibilità di accettarla, rifiutarla o di fare una controproposta.
- SEGRETO n. 37: Fare un'offerta per l'acquisto della tua casa può richiedere coraggio da parte di qualche acquirente. Armati di pazienza e fiducia, a volte ce ne vuole molta.
- SEGRETO n. 38: Non comunicare mai il prezzo minimo di vendita della tua casa, cercheranno sempre di abbassartelo.
- SEGRETO n. 39: Riservati sempre il consenso di un terzo, soprattutto quando non sei pienamente convinto di ciò che stai firmando.
- SEGRETO n. 40: Rispetta la legge. Non violare assolutamente nessuna delle norme del nostro codice civile.

Giorno 6

Come affrontare i necessari atti notarili

Ogni compravendita è un contratto a sé. Sono tantissime le variabili che possono rendere un atto diverso da un altro, perciò difficilmente riuscirò ad essere esauriente al 100%; illustrerò quello che generalmente è la prassi standard.

Questo capitolo ti aiuterà a capire come procedere per arrivare al rogito che è la parte notarile veramente conclusiva della vendita. Prima però si passa obbligatoriamente dalla proposta di acquisto, alla sua accettazione e alla stipula del preliminare di compravendita; preliminare e rogito sono atti da compiersi davanti al notaio. Questa è una fase molto delicata; devi sapere che tutti i contratti di compravendita si chiudono all'accettazione della proposta di acquisto perché poi non è più possibile né contrattare né ritirarsi. Il rogito è l'atto conclusivo del contratto.

SEGRETO n. 41: Tutte le compravendite si chiudono con la firma della proposta d'acquisto.

Una volta firmata l'accettazione della proposta d'acquisto da parte tua, non si può più avere ripensamenti e tornare indietro, sia da parte tua che da parte dell'acquirente. E' possibile uscire dall'accordo solo pagando le penali.

Tra gli allegati, troverai una bozza di proposta, ti ricordo che è una proposta standard, serve solo per darti un'idea e per farti capire cosa deve contenere. Anche se ben fatta, non utilizzarla, potrebbe non andar bene per la vendita della tua casa.

Discuti con il tuo avvocato sui punti per te essenziali da inserire nella proposta. Fagli semmai leggere ed adattare quella in allegato in tutti i punti e fagli controllare tutti gli articoli di legge in base alle tue esigenze specifiche. Lascia passare un giorno o due, nel frattempo riflettici sopra e, se necessario, fai modificare o aggiungere ciò che ritieni opportuno.

Fatti ora stampare delle copie lasciando in bianco lo spazio per inserire i dati del tuo acquirente, il prezzo, la caparra, la data del compromesso, la data dell'atto ecc.

L'obiettivo da seguire (parlane con il tuo avvocato) è quello di stilare una proposta d'acquisto valida anche per la successiva fase, la stipula del compromesso di vendita. Mi spiego meglio, la proposta deve contenere tutti i dati, articoli e condizioni che verranno poi trascritti nel compromesso, senza tralasciare nulla. Gli allegati A e B contengono rispettivamente la proposta d'acquisto e il preliminare di compravendita, sono stati stilati appositamente proprio per questo scopo.

Lo scopo, importantissimo e quasi mai utilizzato, è quello di arrivare al compromesso d'acquisto con tutte le condizioni già stabilite nella proposta, non deve rimanere più nulla da negoziare tra proposta e compromesso.

Questa è una regola d'oro che utilizzo da qualche anno.

1. Eviterai di dover rinegoziare all'ultimo momento qualche clausola fraintesa o dimenticata;
2. Eviterai di scendere a compromessi con una richiesta dell'ultimo minuto, impossibile da rifiutare; gli esperti di negoziazione conoscono bene questa tattica;
3. Eviterai di doverti ritirare dalla vendita per richieste inaccettabili, prova solo ad immaginarne le conseguenze.

SEGRETO n. 42: Prepara insieme al tuo avvocato una proposta d'acquisto ove ci siano riportate tutte le condizioni senza lasciare nient'altro da negoziare nelle fasi successive.

Tieni sempre a portata di mano due copie della proposta d'acquisto quando fai visitare la tua casa, una per te ed una per l'acquirente. Porta avanti la trattativa ricordandoti tutti i passaggi che ti ho elencato precedentemente. Verifica che non ci siano intoppi o incomprensioni con il potenziale acquirente che potrebbero allungare la trattativa. Se necessario cerca sempre possibili soluzioni alternative. È fondamentale rimanere in stretto contatto con il tuo avvocato, in questo lasso di tempo possono insorgere diverse variabili o richieste da parte dell'acquirente che potrebbero rallentare la trattativa. Mettiti in contatto con il notaio. È quasi sempre scelto dalla parte acquirente, cioè da colui che lo dovrebbe pagare; potresti però suggerirne uno all'acquirente, di tua fiducia con cui ti sei già trovato bene in altre situazioni.

Comunicagli la tua intenzione di vendere la tua casa, chiedigli informazioni sul suo modo di operare nelle compravendite immobiliari, adattati al suo modo nel caso ce ne fosse bisogno. Fai domande e fatti spiegare esattamente tutto ciò che non ti è chiaro.

SEGRETO n. 43: La scelta del notaio dovrebbe essere fatta dall'acquirente, suggeriscine uno di tua fiducia.

Definisci bene l'importo della caparra che vorrai

incassare, esso può variare da qualche migliaio di euro fino al 30% o più del valore totale di compravendita dell'immobile. Questo varia da zona a zona in base alle usanze locali; ogni regione o città ha i suoi metodi già consolidati.

Fai molta attenzione ai "furbetti". Alcuni potenziali acquirenti, "i furbi" appunto, rilasciano una consistente caparra cercando di farsi firmare molto in fretta l'accettazione della proposta d'acquisto inserendo nella stessa qualche clausola di dubbia interpretazione. Il loro scopo è quello di mettere in difficoltà il venditore facendo leva sulla clausola di dubbia interpretazione per poi uscire facilmente dalla trattativa, chiedendo come risarcimento il doppio della caparra rilasciata.

Ti riporto l'esempio raccontatomi dal mio amico Carlo che un paio di settimane fa mi ha chiesto un parere su questa vicenda: la nonna di Carlo ha lasciato in eredità una modesta abitazione ora da ristrutturare, da dividere tra tutti gli eredi. Gli eredi decidono di mettere in vendita l'immobile. Pochi giorni dopo chiama un tizio chiedendo di vedere l'immobile perché interessato all'acquisto.

Il giorno dell'appuntamento, tutti gli eredi erano presenti ed hanno fatto visitare l'immobile al potenziale acquirente. La trattativa inizia, quasi istantaneamente suona alla porta un secondo acquirente chiedendo di poter visitare l'immobile e, notando una trattativa in corso, decide di attendere fuori dalla casa. Il primo acquirente aveva fretta di chiudere già prima che arrivasse il secondo potenziale acquirente, a questo punto cerca di chiudere a tutti costi offrendo subito 50.000,00 € di caparra ed il saldo al rogito entro e non oltre 20 giorni. La trattativa si è chiusa a 120.000,00 €.

Gli eredi tutti concordi, anche se presi alla sprovvista, firmando la proposta, fanno notare all'acquirente che ci sono alcuni piccoli abusi da sanare. L'acquirente tranquillizza i venditori dicendo che non c'é nessun problema, basta che gli abusi vengano sanati.
Cinque giorni prima della data fissata per il rogito,

l'acquirente si fa vivo. Contesta ai venditori il mancato rispetto della proposta non essendo ancora stati sanati gli abusi, chiede perciò indietro il doppio della somma versata, caparra e penale. Sanare gli abusi in 20 giorni, cioè prima di andare a rogitare è una cosa praticamente impossibile da fare.

Si saranno mal capiti, non lo hanno mica messo per iscritto che andava tutto sanato prima dell'atto? L'acquirente lo ha usato come espediente per uscire dall'acquisto e portare a casa comunque una bella somma? Il secondo acquirente era d'accordo con il primo?

Difficile dare una risposta ora. La prossima volta, ho caldamente suggerito al mio amico di telefonami prima. Gli ho poi dato l'indirizzo di uno studio legale di mia fiducia ove la loro specializzazione è quella immobiliare.

SEGRETO n. 44: Diffida di chi si mostra molto generoso volendoti lasciare una cospicua caparra, a volte dietro potrebbe nascondersi un "furbetto".

Non voglio impaurirti, voglio farti trovare preparato di fronte ad ogni evenienza e ricordati soprattutto che se seguirai passo passo questa guida:

A te tutto questo non succederà!

Fai sempre leggere la proposta al tuo avvocato ed evita tassativamente di fare cose in fretta, se non chiudi immediatamente con un acquirente oggi, domani potresti chiudere con un altro. Raggiunto l'accordo, non rimane altro che completare le due proposte con i dati mancanti.

Una copia per te e l'altra per l'acquirente. Non dovrai improvvisare niente, hai già tutto pronto e tutto meticolosamente verificato insieme al tuo avvocato. Tutto questo a beneficio della tua serenità. Stai lavorando nella condizione più tranquilla possibile, hai tutto sotto controllo come un esperto venditore.

Alla firma della proposta fatti sempre dare almeno un anticipo della caparra, se non tutta; verificherai in questo modo il suo impegno ad acquistare e sarai tutelato da un eventuale ripensamento da parte dell'acquirente nell'intervallo di tempo che intercorre tra l'accettazione della proposta e il preliminare di compravendita.

SEGRETO n. 45: Fatti sempre lasciare un acconto di caparra alla firma della proposta, è un ottimo sistema per verificare la serietà della proposta stessa.

Firmate entrambi la proposta nell'ultima pagina e che la firma sia leggibile, firmate anche tutti gli altri fogli, in questo caso basterebbe solo una sigla. Allega alle due proposte una copia delle piantine catastali dell'immobile, firmate anche queste.

Se puoi, fai subito due fotocopie dell'assegno incassato come caparra, il notaio lo dovrà riportare sia nel preliminare di compravendita che nell'atto definitivo. Firmate anche queste copie, lascia all'acquirente una copia della proposta, una copia delle piantine catastali e una copia dell'assegno. A questo punto fai dei calorosi complimenti all'acquirente stingendogli la mano, comunicagli di aver fatto un ottimo affare acquistando la tua casa. Non rimane altro che fissare un appuntamento dal notaio per la stipula del preliminare di compravendita. Lascia al notaio la copia della proposta, delle piantine catastali e dell'assegno.

Dopo l'accettazione della proposta d'acquisto si passa alla: "stipula del preliminare di compravendita". Oggi, con le nuove normative introdotte, tutti i contratti stipulati da professionisti e agenti immobiliari debbono essere registrati. Segui la normativa, fai la stipula del "preliminare di compravendita" direttamente dal notaio, è una tua ulteriore garanzia.

Alcuni notai, secondo accordi di associazione, fanno pagare soltanto la registrazione, chiedendo la parcella definitiva al rogito. Naturalmente non spetta a te pagarla, è l'acquirente che si fa carico delle spese di compravendita.

SEGRETO n. 46: Anche se tra privati non è obbligatorio, fai la stipula del preliminare di compravendita dal notaio.

Alla stipula del preliminare riceverai il saldo della "caparra confirmatoria", soltanto nel caso ne avessi incassato solo un anticipo nella proposta d'acquisto. Questa somma ti garantisce in caso di recesso dal contratto da parte dell'acquirente. Ricordati che, se sei tu quello che recede, dovrai restituire il doppio della somma ricevuta, cioè la somma ricevuta più la penale.

Nel preliminare vengono riportate importanti informazioni per la chiusura definitiva della compravendita che ti elenco:

- I dati del venditore e dell'acquirente;
- I dati identificativi l'immobile;
- Il prezzo pattuito;
- La caparra percepita;
- Le modalità di pagamento;

- La data di stipula definitiva;
- Colui che dovrà farsi carico delle spese;
- Ulteriori clausole concordate tra le parti.

Tutte cose che, se avrai seguito il mio suggerimento, sono già scritte e concordate nella proposta d'acquisto. Firmato il preliminare di compravendita sia da te venditore che dal tuo acquirente, il notaio provvederà alla sua registrazione.

Il lasso di tempo che intercorre tra il preliminare e l'atto definitivo serve per istruire la pratica dell'atto stesso ed anche per permettere all'acquirente di accendere un mutuo. Con il preliminare in mano, l'acquirente può andare in banca; se la banca ritiene che l'acquirente ha i requisiti per accedere ad un mutuo, la banca chiede:

- una relazione dell'immobile al notaio;
- invia un perito di sua fiducia per stimare l'immobile.

La relazione del notaio. Nella relazione il notaio riporta i dati dell'immobile, i titoli di provenienza e le ipoteche, servitù o altri diritti inscritti sull'immobile nell'ultimo ventennio. Comunica in sostanza la storia dell'immobile e la sua commerciabilità. Una banca non finanzierà mai un immobile invendibile.

La perizia del tecnico. Il tecnico visita la tua casa, esegue i rilievi necessari, verifica la rispondenza dei dati. Completa poi tutte le verifiche necessarie ed attribuisce all'immobile il valore di mercato.

La banca verifica la relazione del notaio e la perizia del tecnico, delibera il mutuo all'acquirente per un importo massimo fino all'80% del valore dell'immobile riportato in perizia dal tecnico. Quando le banche deliberano mutui al 100% del prezzo d'acquisto, in genere il valore reale dell'immobile è più alto, in realtà il mutuo è sempre l'80% del valore dell'immobile. Tieni in considerazione questo aspetto se il tuo acquirente intende accendere un mutuo al 100%.

SEGRETO n. 47: La banca delibera quasi sempre

mutui fino ad un massimo del'80% del valore dell'immobile, quando questi corrispondono al 100% del valore di acquisto, l'immobile ha un valore più alto.

Il notaio verifica e controlla tutta la documentazione in base alle norme, ultimamente sempre più restrittive, stila la bozza dell'atto. Notaio e banca sono costantemente in contatto per lo scambio di informazioni e/o documenti portando avanti la pratica in contemporanea. Quando finalmente entrambi, notaio e banca, saranno pronti, sarà finalmente possibile fissare il giorno di stipula dell'atto definitivo.

Questa fase è molto delicata, tu non dovrai fare niente e non verrai quasi mai contattato. Nessuno è tenuto ad informarti se il mutuo è stato approvato, quando la banca ha richiesto la relazione al notaio ed il notaio, a sua volta, quando ha inviato la relazione alla banca.

Succede questo perché, tu difficilmente avrai contatti

diretti con la banca dell'acquirente, a meno che l'acquirente non utilizzi la tua. In questo periodo di attesa non abbassare la guardia, non rilassarti, tieni costantemente sotto controllo tutti i passaggi, verifica che gli stessi vengano eseguiti senza intoppi, chiedi sempre informazioni. Puoi intervenire solamente se ti tieni costantemente informato. Lo devi fare tenendoti in contatto con l'acquirente ed il notaio, difficilmente la banca ti rilascerà informazioni, soprattutto se riferite all'esito del mutuo.

SEGRETO n. 48: Mantieni una costante comunicazione con l'acquirente, il notaio e, se puoi, con la banca dell'acquirente.

Ti riepilogo le varie fasi per arrivare all'atto definitivo:

1. Perizia dell'immobile da parte di un tecnico di fiducia della banca mutuante;
2. Richiesta della relazione da parte della banca al notaio;

3. Invio della relazione alla banca da parte del notaio;
4. Approvazione del mutuo da parte della banca;
5. Fissare la data del rogito.

Ma soprattutto: assicurati che l'acquirente possa ottenere un mutuo ancora prima di firmare una proposta d'acquisto! Tempo fa feci visitare una villetta ad un potenziale acquirente, rimase pienamente soddisfatto alla prima visita ed in breve tempo mi fece una proposta d'acquisto. Allegò 5.000,00 € alla proposta e promise altri 25.000,00 € per un totale di 30.000,00 € come caparra confirmatoria alla stipula del preliminare di compravendita.

Prima di fare la proposta fece visitare l'immobile al suo tecnico di fiducia, voleva verificare la possibilità di realizzare un altro appartamento al piano terra per i suoi genitori, la cosa fu ritenuta fattibile dal tecnico. L'acquirente voleva servirsi di un suo notaio di fiducia, loro amico di famiglia. Non ebbi nulla in contrario anche perché conoscevo già il notaio, avevo già stipulato altri atti da lui.

Prima della stipula del compromesso, l'acquirente voleva avere una delibera di massima del mutuo, cioè voleva essere sicuro che la banca gli erogasse il mutuo. Il notaio iniziò a fare tutte le verifiche ed a preparare tutti i documenti come se stesse facendo **l'atto definitivo di compravendita**.

È l'unico che conosco ad utilizzare questa procedura, tutti gli altri fanno il semplice compromesso e successivamente fanno poi le verifiche e tutti gli altri adempimenti per il rogito. Facendo invece tutto prima, come in questo caso, si ha il vantaggio di arrivare al compromesso e successivamente al rogito sapendo già che tutto è stato verificato ed è a posto, in sostanza non rimane nient'altro da fare.

In questo caso il lavoro iniziale è stato lungo e nel frattempo sono scaduti i termini per la stipula del compromesso. Mi tenevo costantemente informato sull'approvazione del mutuo da parte della banca e, non avendo il contatto diretto, chiedevo all'acquirente; lo stesso mi diceva che tutto era a posto, il mutuo era accordato. Quando finalmente il notaio era pronto per fare il compromesso, l'acquirente cominciò a rinegoziare l'accordo.

Questo è un classico di alcuni acquirenti che vogliono uscire dall'accordo, rinegoziano con proposte più o meno accettabili da parte del venditore cercando di salvare la faccia e uscirne senza colpe e/o sensi di colpa .
La sua proposta fu: possiamo fare il compromesso ma, siccome ho chiesto un finanziamento e questo tarda ad arrivare, riesco a darti solo altri 5.000,00 € di caparra, il resto tutto all'atto definitivo. A questo punto mi venne il sospetto: il mutuo non era stato approvato.

Accettai comunque la proposta perché il rogito definitivo si poteva fare, al massimo entro due settimane era già tutto pronto.

SEGRETO n. 49: Se l'acquirente inizia a rinegoziare l'accordo potrebbe non essere più interessato

all'acquisto oppure non riesce ad ottenere un mutuo.

Morale della storia, non siamo mai arrivati al compromesso, trovava sempre qualche scusa, nessuno mi disse apertamente che il mutuo non era stato approvato, né la banca, né il notaio e tantomeno l'acquirente. Da questo ho imparato tantissimo:

1. Capisco la bontà del notaio nel fare tutto prima, a me ha comunque fatto perdere parecchio tempo e denaro;
2. Avrei dovuto verificare prima dell'accettazione della proposta la solvibilità e/o le capacità finanziarie di indebitamento dell'acquirente tramite la mia banca, finché possibile. Da allora è la prima cosa che faccio, chiedo informazioni e verifico.

Se avessi subito stipulato il compromesso, avrei avuto in mano almeno la caparra per intero, i 30.000,00 €. Ho perso tempo per reperire tutta la documentazione per il notaio, la vendita è stata poi fatta da un altro notaio. Due mesi se ne sono andati aspettando il mutuo. La vendita è stata chiusa quattro mesi dopo ad un altro acquirente a 320.000,00.

Proviamo ora a fare due conti solamente su ciò che ho perso di interessi, in valuta, tralasciando tutto il resto. Avendo chiuso la successiva vendita quattro mesi più tardi: la mancata valuta su 320.000,00 € per 4 mesi al tasso del 6% (attuale tasso medio di un mutuo) è di 6.400,00 €. 320.000,00 x 6% = 19.200,00 / 4 = 6.400,00 €. Con i 5.000,00 € incassati ho recuperato solo parte delle perdite ed ho lavorato oltre due mesi inutilmente.

Quanti vorrebbero una bella casa, la tua, ma non tutti possono permettersela; perciò, se il tuo acquirente non potrà ottenere un mutuo, starai solo sprecando tempo e denaro.

SEGRETO n. 50: Non perdere inutilmente altro tempo se intuisci che qualcosa non va nel verso giusto.

Il direttore della tua banca potrà aiutarti; parlagliene, fallo prima di firmare la proposta d'acquisto.

Accettata la proposta d'acquisto, stipulato il preliminare di compravendita, deliberato il mutuo, rimane solo il trasferimento della proprietà. Il trasferimento di proprietà è ufficializzato tra le parti, acquirente e venditore, dall'atto definitivo o rogito davanti al notaio, che eseguirà poi la registrazione dell'atto stesso.

Come già accennato precedentemente, dalla stipula del compromesso di compravendita all'atto definitivo non avrai particolari compiti di cui occuparti oltre quelli sopra accennati, segui tutta la procedura. Oramai la macchina cammina da sola.

La banca del tuo acquirente ed il notaio portano avanti i rispettivi compiti per arrivare al giorno della stipula. Te lo ricordo di nuovo, non rilassarti in questa fase, chiedi continuamente informazioni sul regolare proseguimento delle procedure. A te rimane solo il compito di comunicare alla tua banca, solo nel caso avessi un mutuo ancora in piedi, che:

hai venduto la tua casa.

Perciò:

1. Comunicherai la data dell'atto;
2. Comunicherai il notaio designato;
3. Chiederai il conteggio per l'estinzione del tuo eventuale mutuo;
4. Dirai loro di mettersi in contatto con il notaio per l'assenso alla cancellazione dell'ipoteca;
5. Cercherai di trattare la penale di estinzione anticipata del tuo mutuo, se presente.

La penale per l'estinzione anticipata del mutuo può arrivare anche al 3% del capitale ancora da pagare, negoziala fino ad arrivare almeno alla metà, 1,5% o ancora meglio.

SEGRETO n. 51: Negozia sempre con la tua banca la penale di estinzione anticipata del tuo mutuo.

La cancellazione dell'ipoteca è a tua spese, di solito è fatta contestualmente all'atto e la dovrai pagare al notaio il giorno stesso.

Qualche volta può essere necessario cancellarla prima dell'atto definitivo anche su richiesta dell'acquirente. Tieni però presente che per avere l'assenso alla cancellazione da parte della tua banca, dovrai sborsare il residuo del mutuo prima di incassare dalla vendita, non sempre questo è possibile e/o conveniente.

SEGRETO n. 52: Fai cancellare l'ipoteca prima del rogito solo se hai già estinto il tuo mutuo.

Informati dal notaio sul costo da sostenere per la cancellazione dell'ipoteca, solo lui può calcolartela con precisione. Il giorno dell'atto porta con te, oltre al blocchetto degli assegni, le chiavi della tua casa, le dovrai consegnare appena firmato il rogito. Due importantissime raccomandazioni:

1. Non dare mai il possesso della tua casa prima dell'atto definitivo;
2. Non consegnare mai le chiavi prima dell'atto definitivo.

Se l'acquirente vorrà visitarla per anticipare i lavori di ristrutturazione, prendere misure per i mobili e quant'altro fosse loro necessario, prendi accordi su un determinato orario e, porta pazienza, fai visitare la tua casa solo in tua presenza. Sarebbe comodo togliersi il problema e consegnare loro una chiave, quante scocciature in meno avresti!

Rischierai di perderne il possesso.

Non dare mai il possesso della tua casa a nessuno. Solo dopo averne firmato l'atto ed incassato il corrispettivo della vendita lo potrai dare tranquillamente al nuovo acquirente.

SEGRETO n. 53: Non dare mai il possesso a nessuno prima del rogito, lo darai solo quando avrai incassato

l'intero prezzo della vendita.

Sii gentilmente chiaro su questo fin da subito, già dalla proposta di acquisto se richiesto. Comunica che, nei limiti del possibile, ti renderai disponibile per qualsiasi richiesta stabilendo fin da subito gli impegni che dovrai prendere.

SEGRETO n. 54: Non consegnare mai le chiavi a nessuno prima del rogito, rischieresti di perderne il possesso.

Se l'acquirente della tua casa è una società, potresti non incassare il corrispettivo della vendita il giorno stesso dell'atto, non ti preoccupare è normale. Alcune banche, per erogare il mutuo ad una società vogliono che l'ipoteca sia già iscritta da almeno 10 giorni dalla registrazione dell'atto.

Come già saprai, le società sono soggette a fallimento, se la banca erogasse un mutuo per un immobile e la società acquirente fallisse prima dell'iscrizione dell'ipoteca oppure venisse precedentemente iscritta un'altra ipoteca sul tuo immobile, la banca rischierebbe di perdere l'intero importo erogato e potrebbe non avere neanche l'immobile a garanzia.

Ipotesi alquanto remota per quanto riguarda il fallimento, dieci giorni sono pochissimi, è quasi impossibile che la banca nel preparare la pratica non se ne accorga. Molto più probabile invece la precedente iscrizione di un'altra ipoteca. Alcune banche usano ancora questa prassi, erogano il mutuo solo dopo l'effettiva trascrizione dell'ipoteca e lo fanno in questo modo: il giorno dell'atto si fanno firmare dall'acquirente un mandato per erogazione irrevocabile dell'intero importo della compravendita facendosi garanti del pagamento, ne rilasciano poi una copia al notaio ed una al venditore.

Il notaio registra l'atto di compravendita, passati i 10 giorni, verifica l'avvenuta iscrizione dell'ipoteca facendo semplicemente una visura e lo comunica alla banca. A questo punto la banca erogante non deve far altro che disporre il bonifico presso il conto corrente del venditore, se la banca erogante è la stessa tua banca, li avrai disponibili immediatamente altrimenti dovrai pazientare un paio di giorni, il tempo di arrivo del bonifico.

Generalmente, anche se sono sufficienti 10 giorni dall'iscrizione dell'ipoteca, sono comunque necessari 15-20 giorni dall'atto per completare l'intera procedura. Solo dopo potrai finalmente incassare la somma della compravendita. Potrebbe non interessarti ma la stessa prassi si verifica anche quando il venditore è una società, bisogna sempre attendere l'iscrizione dell'ipoteca.

Ma tu vorrai incassare subito e non attendere i 15-20 giorni, vero?

Ecco come devi fare: nella fase di trattativa chiedi chi sarà l'intestatario dell'immobile, nel caso venga intestato ad una società, chiedi in che modo verrai pagato. Se l'intenzione della sociètà è quella di accendere un mutuo, chiedi che venga concesso alla società un prefinanziamento dalla banca perché vorrai essere pagato il giorno stesso dell'atto definitivo. Questo è l'unico modo per incassare subito.

SEGRETO n. 55: Chiedi alla eventuale società acquirente del tuo immobile di farsi concedere un prefinanziamento dalla sua banca perché vorrai incassare lo stesso giorno dell'atto definitivo.

Un altro caso dove potresti non incassare subito, e qui non ci sono soluzioni alternative, è quando il tuo immobile è soggetto a vincoli culturali e paesaggistici. In questo caso il notaio stipula l'atto inserendo una clausola: la **clausola sospensiva**. Il notaio comunica nei dettagli ed entro 30 giorni la vendita del tuo immobile al competente soprintendente del luogo ove si trova il bene; se lo stesso non eserciterà la prelazione entro 60 giorni dalla comunicazione, la vendita verrà regolarmente portata a termine con il tuo acquirente. Se invece il competente ufficio eserciterà la prelazione, avrà il privilegio sulla vendita portandola a termine al posto del tuo acquirente, sospendendo perciò l'atto precedentemente stipulato.

Per te non cambia nulla, il tuo acquirente rientrerà in possesso dell'eventuale caparra versata ma non potrà acquistare l'immobile. Di solito la prelazione non viene quasi mai esercitata a meno che non si tratti di un immobile di notevole pregio. Tieni presente che il pagamento della compravendita, verrà rimandato di almeno tre mesi, 60 giorni è il termine per il solo silenzio/assenso.

Ritornando al rogito, il giorno della stipula, il notaio legge ed eventualmente apporta modifiche all'atto, alla fine raccoglie le firme del venditore e dell'acquirente. Immediatamente dopo l'atto di compravendita, il notaio stipula il mutuo tra la banca e il nuovo proprietario della tua casa, iscrivendovi sopra la nuova ipoteca. Solo ora ti verrà rilasciato il mandato di pagamento irrevocabile a tuo nome o l'assegno circolare a saldo della compravendita.
Ricordati di portare le chiavi della tua casa. Le dovrai consegnare al nuovo proprietario il giorno dell'atto in

questo momento.

La compravendita è terminata. Hai perfettamente portato a termine l'obiettivo prefissato. Una ventina di giorni dopo l'atto il notaio ti consegnerà una copia del rogito.

RIEPILOGO DEL GIORNO 6:

- SEGRETO n. 41: Tutte le compravendite si chiudono con la firma della proposta d'acquisto.
- SEGRETO n. 42: Prepara insieme al tuo avvocato una proposta d'acquisto ove ci siano riportate tutte le condizioni senza lasciare nient'altro da negoziare nelle fasi successive.
- SEGRETO n. 43: La scelta del notaio dovrebbe essere fatta dall'acquirente, suggeriscine uno di tua fiducia.
- SEGRETO n. 44: Diffida di chi si mostra molto generoso volendoti lasciare una cospicua caparra, a volte dietro potrebbe nascondersi un "furbetto".
- SEGRETO n. 45: Fatti sempre lasciare un acconto di caparra alla firma della proposta, è un ottimo sistema per verificare la serietà della proposta stessa.
- SEGRETO n. 46: Anche se tra privati non è obbligatorio, fai la stipula del preliminare di compravendita dal notaio.
- SEGRETO n. 47: La banca delibera quasi sempre mutui fino ad un massimo del'80% del valore dell'immobile, quando questi corrispondono al 100% del valore di acquisto, l'immobile ha un valore più alto.

- SEGRETO n. 48: Mantieni una costante comunicazione con l'acquirente, il notaio e, se puoi, con la banca dell'acquirente.
- SEGRETO n. 49: Se l'acquirente inizia a rinegoziare l'accordo potrebbe non essere più interessato all'acquisto oppure non riesce ad ottenere un mutuo.
- SEGRETO n. 50: Non perdere inutilmente altro tempo se intuisci che qualcosa non va nel verso giusto.
- SEGRETO n. 51: Negozia sempre con la tua banca la penale di estinzione anticipata del tuo mutuo.
- SEGRETO n. 52: Fai cancellare l'ipoteca prima del rogito solo se hai già estinto il tuo mutuo.
- SEGRETO n. 53: Non dare mai il possesso a nessuno prima del rogito, lo darai solo quando avrai incassato l'intero prezzo della vendita.
- SEGRETO n. 54: Non consegnare mai le chiavi a nessuno prima del rogito, rischieresti di perderne il possesso.
- SEGRETO n. 55: Chiedi alla eventuale società acquirente del tuo immobile di farsi concedere un prefinanziamento dalla sua banca perché vorrai incassare lo stesso giorno dell'atto definitivo.

Giorno 7
Come vendere la casa di altri

Mi sembra già di vederti felice e contento per aver portato a termine la vendita della tua casa. Noto già in te quella soddisfazione e quel benessere interiore che non derivano solamente dall'aspetto economico; aver risparmiato una determinata somma di denaro é sempre molto importante, soprattutto di questi tempi. Il tuo benessere deriva dalla consapevolezza e dalle potenzialità delle tue capacità.

Facciamo ora due conti sul denaro speso per vendere la tua casa senza prendere in considerazione l'eventuale imbiancatura della tua casa, la sua riparazione e la sua pulizia. La somma spesa per queste cose ti sarà ritornata abbondantemente indietro; hai aggiunto valore alla tua casa ed avrai così ottenuto un ritorno più alto dalla vendita. Guardiamo l'altro aspetto, quello della somma da utilizzare per pagare la consulenza al tuo avvocato e quella per sostenere le spese pubblicitarie per la vendita della tua casa. Prendendo in considerazione un risparmio di 10.000,00 € di provvigione, secondo me 1.000,00 € sono più che sufficienti per coprire queste spese di cui sopra ed anche il costo di questa guida, cioè il 10% dell'intera somma.

Ti svelerò ora un altro segreto, forse il più importante per la tua crescita personale e finanziaria, quello che, se vorrai, cambierà il futuro della tua vita da adesso in avanti. Cercherò di fartelo capire ponendoti questa semplice domanda: secondo te, le persone, quale organo usano per vedere il denaro? La risposta ti sembrerà abbastanza scontata, la vista. È l'organo essenziale per vedere le cose, tutti vedono il denaro con gli occhi.

Esiste però un altro organo, molto potente, che se ben utilizzato, permette di vedere il denaro, molto denaro, la tua mente. Dovrai allenarla inizialmente, come i tuoi muscoli quando vai in palestra, quando sono belli tonici ti permetteranno di fare cose che fino ad ora non avresti mai pensato, lo stesso vale per la mente, la dovrai allenare per vedere il denaro. Solo il 5% della popolazione, i ricchi, vedono il denaro con la mente, tutti gli altri utilizzano gli occhi.

Come fare per allenare la mente a vedere il denaro? È abbastanza semplice, guarda cosa hai appena fatto, hai speso 1.000,00 € e ne hai ottenuti 10.000,00. Hai creato 9.000,00 € di denaro, un utile del 900%. Ora che lo hai in mano ti è abbastanza semplice vederlo ma, riuscivi a vederlo prima di decidere di vendere la tua casa? Probabilmente no. Il denaro, la carta che hai in mano ha pochissimo valore, oltretutto da alcuni anni non è neanche riconvertibile in oro, **il valore sta nella tua mente**.

Dovresti imparare ed apprezzare il valore del denaro che la tua mente vede, prima ancora di vederlo con gli occhi; quando lo avrai in mano avrà già perso buona parte del suo valore perché, probabilmente lo avrai già destinato per farci qualche cos'altro, non lo manterrai per molto tempo in mano. Se lo tieni fermo, si svaluta, è carta, non è oro.

Se lo tieni in banca, avrai quasi sempre un tasso di interesse che non copre le commissioni, le spese e, molto spesso dimenticata, l'inflazione, perciò ci perdi.

La tua mente invece, se ben allenata, crea valore, è capace di vedere il denaro quando ancora non esiste e successivamente di crearlo. Le prime volte non ti sarà facile ma, una volta capito il meccanismo, ti sarà automatico, riuscirai a vedere il denaro ovunque. Ti basterà analizzare velocemente le varie opportunità che ti si presenteranno davanti tutti i giorni, prenderai così coscienza di quanto denaro esiste. Sono pochissime le persone che riescono a vederlo, solo quelle che utilizzano la mente.

SEGRETO n. 56: Utilizza la tua mente per vedere il denaro, allenala. Rimarrai sbalordito quando vedrai l'enorme massa di denaro che tutti i giorni circola intorno a noi alla ricerca di un proprietario.

Hai iniziato in punta di piedi, esplorando un mondo per te

sconosciuto e ne sei uscito vincitore. Quante cose nuove hai imparato, quante persone nuove hai conosciuto! Perché non trasformare ora in ulteriore denaro le tue esperienze e conoscenze appena acquisite?

SEGRETO n. 57: Creati una nuova fonte di reddito vendendo la casa dei tuoi parenti, amici e conoscenti.

Ripensandoci bene, quante opportunità avresti potuto cogliere nel passato semplicemente perché non avevi tutta la consapevolezza che hai ora?

Qualunque sia il tuo lavoro, hai ora l'opportunità di aggiungere nuove entrate lavorando in maniera del tutto legale. Nella tua cerchia di amicizie e parentela oramai tutti sapranno che hai venduto la tua casa da solo ottenendo un ottimo risultato. Prima o poi qualcuno di loro venderà la propria casa; se non saranno loro a chiamarti, fatti avanti, è la tua opportunità, non lasciartela sfuggire.

Tre sono i modi di operare che potrai utilizzare in maniera del tutto legale:

1. Mandato a titolo oneroso.

Per poter utilizzare il mandato a titolo oneroso dovresti essere iscritto al rispettivo albo presso la Camera di Commercio della tua città dopo aver sostenuto l'esame di ammissione. L'esame è quello che sostengono gli agenti immobiliari per l'iscrizione al loro albo.

Dovresti rimettere mano ai libri e sostenere un esame, forse potrebbe non essere la soluzione più semplice. L'ho comunque messo a titolo informativo perché, avendone i requisiti, è un'ottima soluzione.

SEGRETO n. 58: Il mandato a titolo oneroso, avendone i requisiti, è un'ottima soluzione per vendere la casa di altri.

2. Procura a vendere con o senza rendiconto.

La seconda soluzione è quella di farsi rilasciare dal

venditore una procura a vendere. La procura viene rilasciata dal notaio, dovrai perciò andare con il venditore in uno studio notarile per fartela rilasciare. Il costo della procura semplice, finalizzata cioè ad una sola operazione, si aggira dai 60 ai 120 €. Ti riporto una bozza di procura senza rendiconto. Leggila per capirne i punti essenziali.

- PROCURA SPECIALE -

Il Signor:

Nome ____________ Cognome ____________________

nato/a in ______________ il _______________________

residente in _____________________________________

codice fiscale ____________________________________

con il presente atto e con tutte le garanzie di legge nomina e costituisce il suo procuratore speciale il Signor:

Nome ____________ Cognome ____________________

nato/a in ______________ il _______________________

residente in _____________________________________

codice fiscale ____________________________________

affinché, in suo nome, vece e conto, possa vendere, a chi crederà più conveniente, a suo insindacabile giudizio, tutti i diritti spettanti sul seguente immobile:

- Porzione di fabbricato sito nel Comune di __________, Via ____________________, costituito da ______________ ____,

distinto ed individuato al N.C.E.U. al Foglio n. ________ di detto Comune, mappale n. _________ sub. __________ categoria ____________ rendita catastale ____________.

Al nominato procuratore vengono concesse tutte le più ampie facoltà per il miglioramento e l'espletamento del presente mandato e così esso potrà esemplificativamente, ritirare tutto o parte del prezzo dandone quietanza, rinunciare all'ipoteca legale, trasferire proprietà, rinunciare all'ipoteca legale, trasferire proprietà, possesso e godimento del bene venduto, intervenire al pubblico atto di vendita, stipulando qualunque atto di contenuto obbligatorio o reale dalla vendita originante, identificare censuariamente, con confini e consistenze, il bene in oggetto, se del caso correggendo o integrando i riportati dati catastali, accettare vendite parziali, emettere dichiarazioni e produrre documenti idonei e necessari per la normativa sul regime patrimoniale della famiglia e sulla regolarità fiscale dell'unità in oggetto.

Il procuratore viene espressamente dispensato dall'obbligo di presentare rendiconto ed ha facoltà di compensare, con tutto o parte del corrispettivo riscosso, ogni credito da questi vantato nei confronti del rappresentato. Il tutto da esaurirsi in un unico contesto e con promessa, fin da ora, di rato e valido sotto gli obblighi di legge e senza che mai al nominato procuratore possano essere opposti indeterminatezza, carenza o eccesso di poteri. ***

Oppure:

è possibile utilizzare la procura speciale sia per l'ordinaria e la straordinaria amministrazione. Questa soluzione è diversa dalla precedente perché permette di fare più cose con un solo incarico. Il suo costo può variare tra 300 e 500 €. Ho utilizzato questa soluzione quando ho ricevuto l'incarico di ristrutturare un immobile dove era anche necessario accendere un mutuo per pagare i lavori e quindi vendere l'immobile stesso. Perciò, con un solo incarico, ho potuto fare tutte le cose necessarie per nome e conto del proprietario impossibilitato per essersi trasferitosi all'estero. Per farmi rilasciare la procura è stato necessario autentificare la firma del proprietario dell'immobile, solo la sua, presso il Consolato Italiano del paese ove era domiciliato.

La procura speciale per l'ordinaria e la straordinaria amministrazione riporta scritto:

Al nominato procuratore vengono pertanto concesse tutte le più ampie facoltà per il retto adempimento dell'incarico ricevuto, e così egli potrà, tra l'altro, intervenire ad atti notarili relativi all'immobile e sottoscriverli, identificare l'immobile nei suoi esatti dati catastali, confini e consistenza, riscuotere il prezzo dell'eventuale vendita, rinunziare all'eventuale ipoteca legale, provvedere al pagamento di eventuali imposte che gravassero sull'alienante, fare tutte le dichiarazioni che siano ritenute necessarie ai sensi delle leggi del 19 maggio 1975 n. 151 e 28 febbraio n1985 n. 47 e loro successive modifiche, nonché qualsiasi altra dichiarazione di legge, contrarre mutui fondiari in contanti od in obbligazioni consentendo l'iscrizione di ipoteca legale nell'importo richiesto dalla Banca mutuante, stipulare tutti quei patti di contenuto reale od obbligatorio che ritenga opportuni tra cui la stipula di contratto di appalto affidando l'esecuzione dei lavori a trattativa privata, scegliere i materiali da impiegare, sottoscrivere capitolati e documenti, firmare istanze nei confronti di privati o di Enti Pubblici, pagare corrispettivi facendosene rilasciare quietanze, nominare e revocare avvocati e periti relativamente ad eventuali cause connesse con detto immobile, transigere, procedere ad atti esecutivi. Il tutto con promessa di rato e valido sotto gli obblighi di legge. Il presente atto resterà depositato a raccolta del Notaio che autenticherà la firma. ***

Non tutti i notai accettano di inserire nella procura, come riportato nella prima sopra, la dicitura "Il procuratore viene espressamente dispensato dall'obbligo di presentare rendiconto ed ha facoltà di compensare, con tutto o parte del corrispettivo riscosso …" Nel bisogno trova un accordo con il venditore per il compenso.

SEGRETO n. 59: Puoi utilizzare una procura notarile per vendere un immobile di terzi.

3. Procacciatore d'affari.

La terza soluzione è quella di agire come procacciatore d'affari. Il procacciatore d'affari si occupa di reperire clienti per contratti vari, per conto di una o più persone, in modo occasionale e non continuativo. Tale figura come l'agente, il commissionario e il mediatore, è retribuito a provvigione.

Il contratto di procacciamento d'affari si perfeziona con la stipulazione della cosiddetta "lettera d'incarico", contenente l'indicazione dell'ammontare delle provvigioni, le modalità di pagamento delle stesse, i patti di non concorrenza ed i tempi di preavviso per la risoluzione del contratto.

SEGRETO n. 60: Un'altra opportunità te la offre il ruolo di procacciatore d'affari.

Tutte e tre le soluzioni presentano vantaggi e svantaggi e sono valide per alcune situazioni e non per altre. **Valuta attentamente** quale delle tre soluzione proposte potrebbe essere adatta al tuo scopo, parlane sia con un commercialista che con il tuo avvocato, potranno così approfondire tutti gli aspetti legali e fiscali consigliandoti la soluzione ideale.

Una volta deciso quale ruolo intendi ricoprire, il mandato, il procuratore oppure il procacciatore, prendi accordi con il venditore dell'immobile, definisci immediatamente tutte le condizioni della vendita compreso il compenso che percepirai e mettilo per iscritto, senza lasciare adito a fraintendimenti, riempi gli spazi bianchi del modulo che avrai già precompilato insieme al tuo avvocato, firmatelo entrambi e lasciagli una copia.

Stabilisci prima il tuo compenso. Ufficializzato l'incarico, non ti rimane altro che cominciare a darti da fare per raggiungere lo scopo e alla fine farti pagare; oramai sai esattamente come si fa, comincia a muoverti!

RIEPILOGO DEL GIORNO 7:

- SEGRETO n. 56: Utilizza la tua mente per vedere il denaro, allenala. Rimarrai sbalordito quando riuscirai a vedere l'enorme massa di denaro che tutti i giorni circola intorno a noi alla ricerca di un proprietario.
- SEGRETO n. 57: Creati una nuova fonte di reddito vendendo la casa dei tuoi parenti, amici e conoscenti.
- SEGRETO n. 58: Il mandato a titolo oneroso, avendone i requisiti, è un'ottima soluzione per vendere la casa di altri.
- SEGRETO n. 59: Puoi utilizzare una procura notarile per vendere un immobile di terzi.
- SEGRETO n. 60: Un'altra opportunità te la offre il ruolo di procacciatore d'affari.

Conclusione

Come avrai notato leggendo la guida, ho riportato solo esempi di compravendite dove, per un motivo o per un altro, sono saltati fuori aspetti poco piacevoli. Sappi che ho volutamente messo questi esempi, il mio scopo è quello di renderti consapevole ed aiutarti ad imparare molto più in fretta facendo leva sulle esperienze altrui.

Come avrai già capito, seguendo e rispettando tutti gli accorgimenti sopra elencati, è molto semplice vendere la tua casa ed è alla tua portata. Per vendere il mio primo appartamento, senza nessuna esperienza, ho impiegato solamente venti giorni, l'esperienza l'ho acquisita poi, nel tempo.

Ho messo il cartello "vendesi" ed il numero di telefono, ho fissato appuntamenti per far visitare l'immobile. Ti riporto alcuni commenti dei diversi visitatori:

- È troppo grande;
- È troppo piccola;
- Pensavo fosse diversa;
- Bella ma non è quello che cercavo;
- Ecc. ecc.

Una mattina mi chiama un ragazzo, mi chiede cortesemente se fossi disponibile per fargli visitare l'appartamento in giornata, mi spiegò che stava partendo e sarebbe ritornato non prima di due o tre settimane. Fissammo l'appuntamento per il primissimo pomeriggio.

Mostrando la casa, il giovane non fece nessun commento e nessuna domanda. Al termine della visita mi chiese il prezzo dell'immobile, gli risposi che era in vendita a 220.000,00 €. Ancora senza commentare, rifece il giro della casa da solo, capii subito, già si vedeva stabilito in casa con il suo arredamento ed i suoi oggetti personali in ordine. Rifacendo il giro voleva solo accertarsi se tutte le sue aspettative, maturate sognando di possedere una casa tutta sua, potevano essere realizzate. Finito il giro mi chiese qual'era l'importo della caparra che avrebbe dovuto lasciare a garanzia. Gli risposi che era di 50.000,00 €.

Mi disse che sarebbe andato subito in banca, la sua banca era distante dall'appartamento non più di 200 metri ed eravamo ancora in orario di apertura, avrebbe parlato con il direttore e mi avrebbe poi telefonato. Così fece, mi telefonò dopo circa un'ora dicendomi: ho l'intenzione di acquistare l'appartamento ed ho solamente 30.000,00 € disponibili da lasciare come caparra, se a te va bene, puoi già preparare il compromesso di vendita, appena ritorno dal viaggio formalizziamo il tutto.

Gli risposi che a me potevano andar bene i 30.000,00 € della caparra, non aveva neanche minimamente trattato sul prezzo, ma che avrei continuato a far visitare l'immobile a chi me ne avesse fatto richiesta finché non avremmo firmato il compromesso. Gli ho spiegato anche che, per quanto fossi convinto della sua serietà, da parte mia non avrei avuto nessuna garanzia in mano. Il ragazzo comprese i miei timori e mi disse che sarebbe ritornato il prima possibile. Così fece, firmammo il compromesso ed incassai la caparra, allora non era ancora obbligatoria la registrazione, era solo consigliata. Io avvisai la mia banca per ottenere l'assenso alla cancellazione dell'ipoteca, il ragazzo andò dalla sua banca per iniziare la pratica di mutuo. Un mese e mezzo dopo eravamo già dal notaio per l'atto definitivo.

Niente di più semplice, riuscendo ad attirare quanti più potenziali acquirenti possibile, prima o poi troverai quello che cerca esattamente ciò che tu stai vendendo. Te ne accorgerai subito.

Per concludere, terminando anche ciò che ho lasciato in sospeso nella mia presentazione iniziale, ti ricordo solo questo; sia per vendere la tua casa o quella di altri, ci vuole impegno, determinazione e le tre "C".
Le tre "C" stanno per:

1. Conoscenza;

2. Competenza;
3. Consapevolezza.

La conoscenza l'hai acquisita leggendo questa guida. La competenza l'acquisisci sul campo vendendo la tua casa. La consapevolezza è automatica, dopo aver imparato cose nuove ed averle messe in pratica sarai pienamente consapevole di poter raggiungere qualsiasi obiettivo tu voglia porti.

Raggiungerai l'obiettivo di questa guida solo se ti darai da fare; dandoti da fare aumenterai notevolmente la tua consapevolezza. Nel frattempo allena anche la tua mente.

Buon lavoro!

Dino Federici

www.mentorissimo.com

I 60 SEGRETI DI "VENDI LA TUA CASA DA SOLO"

- SEGRETO n. 1: Vendere la propria casa è semplice. Tantissime volte rinunciamo a fare delle cose perché non avendole mai fatte non sappiamo come muoverci.
- SEGRETO n. 2: Seguendo questa guida eviterai di commettere quei piccoli e grandi errori che potrebbero compromettere la vendita della tua casa.
- SEGRETO n 3: Per vendere la tua casa devi essere motivato, lo devi fare con passione e dovrai impegnare parte del tuo tempo libero.
- SEGRETO n. 4: Crea il tuo team vincente per vendere la tua casa, tu , il direttore della tua banca ed il tuo avvocato.
- SEGRETO n. 5: Prepara insieme al tuo avvocato una proposta d'acquisto con tutte le condizioni necessarie per la vendita della tua casa senza lasciare nulla al caso.
- SEGRETO n. 6: Rendi la tua casa splendente. Lava, ripara e pulisci tutto ciò che ritieni opportuno

utilizzando l'occhio critico del potenziale acquirente.

- SEGRETO n. 7: Una buona mano di vernice è un'ottima soluzione per aggiungere valore alla tua casa spendendo pochissimo rispetto al ritorno economico.
- SEGRETO n. 8: Evita di fare ulteriori e costosi miglioramenti, non riporteresti a casa la cifra spesa regalando parte delle tue risorse all'acquirente.
- SEGRETO n. 9: Lascia fare la ristrutturazione all'acquirente. Non riusciresti mai a soddisfare le sue esigenze rischiando di spendere soldi per cose che potrebbero anche poi essere demolite.
- SEGRETO n. 10: Fai controllare il rispetto delle normative catastali ed urbanistiche. Regolarizza subito il tuo fabbricato, nel caso ce ne fosse bisogno, evitando di allungare enormemente i tempi di vendita.
- SEGRETO n. 11: Definisci correttamente il giusto prezzo di vendita evitando di allungare i tempi, di non riuscire a venderla e di sprecare denaro.
- SEGRETO n. 12: Fatti fare una valutazione del tuo immobile da un esperto del settore come un agente

immobiliare.

- SEGRETO n. 13: Una stima scritta da un tecnico è la tua arma vincente nei confronti di chi cercherà di sminuire il valore della tua casa, puoi sempre mostrarla in caso di bisogno.
- SEGRETO n. 14: Controlla sul sito dell'agenzia del territorio il prezzo medio di compravendita di immobili nella tua zona.
- SEGRETO n. 15: Analizza la concorrenza confrontando su internet i prezzi di vendita di immobili simili al tuo nella tua zona.
- SEGRETO n. 16: Il prezzo è una funzione del tempo. Abbassalo leggermente se vuoi velocizzare la vendita.
- SEGRETO n. 17: Scrivi ed appendi un cartello "vendesi" con tutte le informazioni necessarie per pubblicizzare perfettamente il tuo immobile.
- SEGRETO n. 18: Utilizza il passaparola per pubblicizzare il tuo immobile tra i tuoi vicini, amici, colleghi di lavoro ecc.
- SEGRETO n. 19: Appendi volantini nei luoghi più

frequentati della tua città.

- SEGRETO n. 20: Utilizza la pubblicità gratuita sia dei giornali locali che su internet per diffondere il tuo annuncio.
- SEGRETO n. 21: Utilizza anche la pubblicità a pagamento sia su riviste che su internet, con una modica spesa avrai la visibilità di migliaia di potenziali acquirenti.
- SEGRETO n. 22: Rendi finanziariamente appetibile la tua casa addolcendo il prezzo di vendita, sbaraglierai la concorrenza.
- SEGRETO n. 23: Proponi al tuo acquirente due o tre soluzioni di mutuo preparate dalla tua banca e pubblicizzale.
- SEGRETO n. 24: Offri la possibilità di accollo del tuo mutuo se ne hai già uno in piedi con ottime condizioni.
- SEGRETO n. 25: Utilizza la formula della locazione con riscatto se non hai immediata necessità di denaro.
- SEGRETO n. 26: Offrendo una polizza assicurativa sulla tua casa tutelerai te stesso e l’acquirente contro

eventuali rischi.

- SEGRETO n. 27: Cerca di capire chi è veramente il potenziale acquirente della tua casa.
- SEGRETO n. 28: Stabilisci un giorno ed un orario ideale per far visitare la tua casa.
- SEGRETO n. 29: Evita di far visitare la tua casa da solo quando il potenziale acquirente non è solo, potresti non riuscire a tenere sotto controllo la situazione.
- SEGRETO n. 30: Non dire mai che in un determinato giorno in casa non c'è nessuno, inviteresti un malintenzionato ad entrare.
- SEGRETO n. 31: Tieni sempre separati i tuoi affari dalle tue emozioni, non lasciarti coinvolgere dai commenti che potrebbero fare sulla tua casa, rimani calmo e sereno.
- SEGRETO n. 32: Verifica se il tuo potenziale acquirente ha realmente le capacità finanziarie per acquistare al tua casa.
- SEGRETO n. 33: Mantieni una costante comunicazione con tutte le persone coinvolte nella vendita della tua casa.

- SEGRETO n. 34: Sia tu che l'acquirente della tua casa dovete uscirne vincenti dalla negoziazione, approfittando della situazione, difficilmente riuscirai a chiudere la trattativa.
- SEGRETO n. 35: Fai continuamente domande a chiunque quando hai dubbi o non hai ben capito qualche cosa. È tuo diritto sapere.
- SEGRETO n. 36: Valuta attentamente qualsiasi offerta che ti viene fatta. Hai sempre la possibilità di accettarla, rifiutarla o di fare una controproposta.
- SEGRETO n. 37: Fare un'offerta per l'acquisto della tua casa può richiedere coraggio da parte di qualche acquirente. Armati di pazienza e fiducia, a volte ce ne vuole molta.
- SEGRETO n. 38: Non comunicare mai il prezzo minimo di vendita della tua casa, cercheranno sempre di abbassartelo.
- SEGRETO n. 39: Riservati sempre il consenso di un terzo, soprattutto quando non sei pienamente convinto di ciò che stai firmando.
- SEGRETO n. 40: Rispetta la legge. Non violare

assolutamente nessuna delle norme del nostro codice civile.

- SEGRETO n. 41: Tutte le compravendite si chiudono con la firma della proposta d'acquisto.
- SEGRETO n. 42: Prepara insieme al tuo avvocato una proposta d'acquisto ove ci siano riportate tutte le condizioni senza lasciare nient'altro da negoziare nelle fasi successive.
- SEGRETO n. 43: La scelta del notaio dovrebbe essere fatta dall'acquirente, suggeriscine uno di tua fiducia.
- SEGRETO n. 44: Diffida di chi si mostra molto generoso volendoti lasciare una cospicua caparra, a volte dietro potrebbe nascondersi un "furbetto".
- SEGRETO n. 45: Fatti sempre lasciare un acconto di caparra alla firma della proposta, è un ottimo sistema per verificare la serietà della proposta stessa.
- SEGRETO n. 46: Anche se tra privati non è obbligatorio, fai la stipula del preliminare di compravendita dal notaio.
- SEGRETO n. 47: La banca delibera quasi sempre mutui

fino ad un massimo del'80% del valore dell'immobile, quando questi corrispondono al 100% del valore di acquisto, l'immobile ha un valore più alto.

- SEGRETO n. 48: Mantieni una costante comunicazione con l'acquirente, il notaio e, se puoi, con la banca dell'acquirente.
- SEGRETO n. 49: Se l'acquirente inizia a rinegoziare l'accordo potrebbe non essere più interessato all'acquisto oppure non riesce ad ottenere un mutuo.
- SEGRETO n. 50: Non perdere inutilmente altro tempo se intuisci che qualcosa non va nel verso giusto.
- SEGRETO n. 51: Negozia sempre con la tua banca la penale di estinzione anticipata del tuo mutuo.
- SEGRETO n. 52: Fai cancellare l'ipoteca prima del rogito solo se hai già estinto il tuo mutuo.
- SEGRETO n. 53: Non dare mai il possesso a nessuno prima del rogito, lo darai solo quando avrai incassato l'intero prezzo della vendita.
- SEGRETO n. 54: Non consegnare mai le chiavi a nessuno prima del rogito, rischieresti di perderne il

possesso.

- SEGRETO n. 55: Chiedi alla eventuale società acquirente del tuo immobile di farsi concedere un prefinanziamento dalla sua banca perché vorrai incassare lo stesso giorno dell'atto definitivo.
- SEGRETO n. 56: Utilizza la tua mente per vedere il denaro, allenala. Rimarrai sbalordito quando vedrai l'enorme massa di denaro che tutti i giorni circola intorno a noi alla ricerca di un proprietario.
- SEGRETO n. 57: Creati una nuova fonte di reddito vendendo la casa dei tuoi parenti, amici e conoscenti.
- SEGRETO n. 58: Il mandato a titolo oneroso, avendone i requisiti, è un'ottima soluzione per vendere la casa di altri.
- SEGRETO n. 59: Puoi utilizzare una procura notarile per vendere un immobile di terzi.
- SEGRETO n. 60: Un'altra opportunità te la offre il ruolo di procacciatore d'affari.

www.ingramcontent.com/pod-product-compliance
Ingram Content Group UK Ltd.
Pitfield, Milton Keynes, MK11 3LW, UK
UKHW022021190726
13853UKWH00005B/2051